THREAD

만드는 사람

CEO 이연대

특징
메타세쿼이아 나무지만
출근 시엔 씨앗으로 몸을 숨김

CCO 신아람

특징
위급할 때 직각표기에서 빛이 남

Senior Editor 이현구

특징
집과 헬스장과 회사를 잇는
땅굴 보유 중

Editor 이다혜

특징
어게 라고 외치면
반경 1km까지 들림

Editor 김혜림

특징
고민할 때 수염을 쓰다듬지만
수염이 없음

Editor 정원진

특징
수년 전 귀로 날 수 있는 방법을
터득했지만 비밀을 숨기고 있다

Lead Designer 김지연

특징
백화점 화장실을 좋아함
_ 표지 디자인 및 만화

Designer 권순문

특징
술을 마시면 끝까지 가는 타입
(주량: 와인 한 잔) _ 내지 디자인

Operating Mgr 김민형

특징
셀프사진관에서 자주 출몰함

Community Mgr 홍성주

특징
가시로 오해 받지만 사실은 털

Editor 백승민

특징
평소엔 눈을 감고 있다가
흥미로울 때만 눈을 뜸

Community Mgr 구성우

특징
호시탐탐 이야기할 기회를 노림

Community Mgr 권대현

특징
카페가 너무 좋아 사람으로 둔갑해
산에서 내려옴

《스레드》는 북저널리즘 팀이 만드는
종이 뉴스 잡지입니다.
이달에 꼭 알아야 할 비즈니스,
라이프스타일, 글로벌 이슈의 맥락을
해설합니다.

THREAD ISSUE 14. city

발행일 2023년 7월 1일
등록번호 서울중, 라00778
발행처 ㈜스리체어스
주소 서울시 중구 한강대로 416 13층
홈페이지 www.bookjournalism.com
전화 02 396 6266
이메일 thread@bookjournalism.com

THREAD

목차

본격적인 여름, 7월입니다. 《스레드》 14호를 찾아주신 여러분 환영합니다. 이번 호에는 어떤 이야기들이 우리를 기다리고 있을까요?

 ↳ 사람들은 잠을 자지만 도시는 결코 잠들지 않죠! 그래서 가끔은 도시의 불빛이 만드는 야경이 쓸쓸하게 보이기도 하는데요. 피곤한 눈을 뜨고 도시의 야경을 만드는 사람들을 그려 봤어요. 매일 밤 제 모습인 것 같기도 하고요…!

차가운 서울 _ 13p

서울 좋아하세요? 서울은 어떤 도시인가요? 가난하면서 부유하고, 오래됐지만 새것이고, 스스럼없지만 불친절한 도시 서울. 서울은 그곳에 살든, 그렇지 않든 한국인의 삶을 좌지우지합니다. 무엇을 추구하며 어떤 마음으로 살아가야 할지를 결정하죠. 서울이 그렇게 힘이 세냐고요? 네. 도시란 그렇게 힘이 셉니다. 삶의 방식은 도시의 모습이 결정합니다.

 ↳ 서울에서 가장 좋아하는 곳이 어딘가요? 전 성수동이요. 팝업 스토어도 재미있는 곳이 많고 오래된 골목도 있잖아요.

 ↳ 요즘은 삼각지 아닌가요. 자리도 불편해 보이는 카페인데 사람들이 북적거리더라고요.

북저널리즘 explained는 세계를 해설합니다. 조각난 뉴스가 아닌 완전한 스토리를 지향해요. 이슈마다 깊이 있는 오디오도 제공합니다. 입체적인 콘텐츠 경험을 통해 지금의 이슈를 감각하고 해석해 보세요. 철저한 선택과 정제를 거친 explained, 일곱 가지 주제를 소개해 드립니다.

브랜드 아파트와 불평등 한국 사회 _ 22p
최근 "언제나 평등하지 않은 세상을 꿈꾸는 당신에게"라는 아파트 광고가 화제였습니다. 노골적인 표현에 문제가 제기되자 시행사는 사과문을 올렸지만, 씁쓸함은 남았죠. 한국에서 브랜드 아파트는 진화하고 그 성벽은 더 높아지고 있습니다. 잘살고 싶은 마음은 누구나 매한가지인데 유독 아파트에 욕망이 몰리는 이유는 뭘까요? 우리는 정말 평등하지 않은 세상을 꿈꾸고 있을까요?

 ↳ 광고에 쓰인 문장, 심지어 문법적으로도 혼란스러웠다고요…
 ↳ 아파트에 입주하려던 사람들도 불쾌하지 않았을까요?

워커홀릭 Z세대 _ 30p
Z세대는 워라밸을 중시한다는데, 특이한 연구 결과가 나왔어요. 18세에서 24세, 젊은 Z세대 직원이 자발적인 초과 근무를 할 가능성이 높다는 거예요. 그 시간이 무려 주당 8시간 30분에 달했어요. 점심시간에 일하고, 야근하는 식이죠. 그런데 자발적 야근을 하지 않더라도 요즘 Z세대는 정말 바빠 보여요. 사이드 프로젝트에 N잡, 꾸준한 자기 계발까지 말이에요! 이들이 택한 워커홀릭, 과연 '자발적 선택'이라고 표현할 수 있을까요? 어쩌면 사회적 구조와 경제적 여건이 이들을 워커홀릭 상태에 몰아넣는

것일 수도 있어요.

ㄴ→ 매일 접하는 강의 플랫폼 광고, 저만 혹하는 건 아니죠?
ㄴ→ 시대적 환경이 달라졌으니, Z세대가 일을 대하는 방식도
달라졌을 것 같아요.

뇌에 칩 심는 일론 머스크 _ 36p

일론 머스크가 뇌에 칩을 심게 됐습니다. 정확히는 다른 사람 뇌에
칩을 심을 수 있게 됐죠. 공상 과학 같은 얘기지만 사실 상용화가
진행되고 있는 기술입니다. 인간의 뇌 신호를 칩으로 받아 블루투스
신호로 컴퓨터에 보내 읽게 하는 건데요, 2021년 한 루게릭병 환자는
이 기술로 트윗을 남기기도 했습니다. 일론 머스크의 뇌과학 스타트업
뉴럴링크(Nueralink)도 미국 식품의약국(FDA)로부터 인간 임상
실험을 승인받아 제품 연구를 할 수 있게 됐죠. 인간과 AI의 결합이
가능해질 거란 기대와 윤리적 문제에 대한 우려가 교차하고 있습니다.

ㄴ→ 일론 머스크가 뛰어든다니 정말 초인의 시대가 오는 것
같아요!
ㄴ→ 하지만 뉴럴링크의 동물 실험으로 사망한 동물 수가
1500마리나 된다고 해요.

뉴욕의 침몰을 막을 상상력 _ 42p

뉴욕이 가라앉고 있습니다. 원인은 다름 아닌 건물입니다. 뉴욕에
늘어선 스카이라인과 마천루가 너무 무겁다는 거예요. 뉴욕하면
떠오르는 그 풍경이 곧 사라질 수 있다고 생각하니, 마음도 덩달아

무거워집니다. 우리에게 성공한 도시의 전형은 높고 빽빽한 건물, 그 사이를 쌩쌩 오가는 자동차와 사람이었잖아요. 당연해 보였던 도시의 모습이 기후 위기의 시대에는 지속 가능하지 않을 수 있어요. 뉴욕의 침몰을 바라만 볼 때가 아닙니다. 상상 속 도시를 다시 만들 필요가 있어요!

 ↳ 여의도는 중심지의 빌딩 높이 규제를 사실상 폐지한다던데…
 ↳ 탈성장 도시, 먼 꿈처럼 보여도 지금 당장 실현할 수 있어요.

 엘니뇨는 어떻게 생길까 _ 48p
할 말 없을 때면 날씨 이야기만 한 게 없었는데요. 요즘에는 날씨 이야기를 하는 게 무서워졌습니다. 이상하리만치 덥기 때문이죠. 향후 5년간 지구 온도는 최고치를 기록할 가능성이 크다고요. 우리나라에서는 열사병 발생 시기가 지난해보다 한 달 빨라졌습니다. 엘니뇨 때문입니다. 본격적으로 여름이 찾아오면, 더 많이 눈에 보일 단어입니다. 엘니뇨는 폭염뿐만 아니라 가뭄, 홍수 등 기상 이변을 만들어 냅니다. 엘니뇨는 어떻게 생기는지 이해할 필요가 있겠죠.

 ↳ 이상 기후가 뉴노멀이 되고 있는 것 같아요.
 ↳ 가뭄과 홍수로 인한 피해도 걱정돼요.

 사라지는 곤충 _ 54p
하루살이 떼가 서울과 경기권을 뒤덮었죠. 각 지방자치단체는 대책을 마련하겠다고 밝혔습니다. 그런데 하루살이 소식, 금방 잠잠해지지 않았나요? 수명이 일주일밖에 안 돼 금방 사라졌기 때문입니다.

하루살이는 인간에 해를 끼치지는 않는다고 해요. 문제는
하루살이가 아닙니다. 보이지 않는 곤충이죠. 우리나라의
소똥구리는 절멸했고, 꿀벌 실종 소식은 계속 들려오고
있습니다. 다섯 번의 멸종에도 지구를 지켜온 곤충이
사라지고 있습니다. 과학자들은 이를 두고 여섯 번째 멸종의
신호탄이라고 말하죠. 벌레라고 불렀던 존재를 다시 생각해
볼까요?

 ↳ 그러고 보니 길거리에서 콩벌레를 본 지 오래된 것 같아요.
 ↳ 지금까지 밝혀진 생물 200만 종 중 70퍼센트가
　　　곤충이라고 해요…

 통계에 없는 다문화 군인 _ 60p
올해부터 입대할 이주 배경 청년들은 얼마나 될까요? 약 1만
명이라고 해요. 2029년부터는 약 1만 9000명가량이 징병
검사 대상이라고 하는데 이렇게 되면 우리 군의 4~5퍼센트나
되죠. 이 숫자, 감이 잘 안 오시나요? 통상 외국인이 5퍼센트면
'다문화 사회'라고 하고요, 1만 명이면 사단 하나를 구성할
수 있는 규모입니다. 사회 변화에 따라 우리나라도 다문화
군대로의 이행이 필연적인 것이죠. 그런데 뭔가 꺼림칙하지
않으신가요? 수직적이고 폐쇄적인 군대 안에서 과연 다문화
장병들이 어려움 없이 군 생활을 할 수 있을지 말이에요.
포용이 안보가 되는 시대, 우리 군의 과제를 들여다봅니다.

 ↳ 군대에서 큰 변화가 일어나고 있었네요.
 ↳ 아시잖아요. 군대는 안 변해요.

이어지는 '톡스' 코너에서는 사물을 다르게 보고, 다르게 생각하고, 세상에 없던 것을 만들어 내는 사람들의 이야기를 담아요. 《스레드》 14호에서는 '원의 독백' 임승원 대표를 만나 봤어요.

내가 무신사를 퇴사한 이유 _ 69p

유튜브 '원의 독백'을 아시나요? 광고 영상에 가까운 편집과 특정 브랜드에 관한 탐구, 시대를 관통하는 진솔한 이야기로 한 번 보면 팬이 될 수밖에 없는 채널이죠. 홀로 채널을 운영하는 임승원은 원의 독백이 입소문을 타며 무신사에 영입되기도 했습니다. 물론 그에게도 평범한 취준생 시절이 있었습니다. 학점 3.0 미만, 취업 시장은 고되기만 했죠. 독백이라는 형식을 통해 자기 자신을 포트폴리오로 펼쳐 낸 것이 바로 원의 독백 채널입니다. 무신사에서 화려하게 커리어를 쌓던 그는 돌연 퇴사를 선언합니다. 이유가 뭘까요? 인디펜던트 워커 임승원에게 퇴사의 이유와 자신만의 일을 정의하는 방법을 물었습니다.

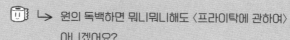 원의 독백하면 뭐니뭐니해도 〈프라이탁에 관하여〉 아니겠어요?

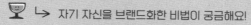 자기 자신을 브랜드화한 비법이 궁금해요!

단편 소설 분량의 지식 콘텐츠 '롱리드' 코너도 있어요. 깊이 있는 정보 습득이 가능하고, 내러티브가 풍성해 읽는 재미가 있어요.

그 많던 자전거는 다 어디로 갔을까 _ 83p

파리와 암스테르담, 런던부터 홍콩, 도쿄, 시애틀에 이르기까지.
전 세계 도시 운하에 수많은 자전거가 버려지고 있습니다.
그런데 다른 한쪽에선 우후죽순 늘어나는 공유 자전거
사업으로 자전거가 대량 증식하고 있어요. 이게 어떻게 된
일일까요? 저자는 공유 모빌리티가 그리는 무지갯빛 미래
뒷면에 너절하게 방치된 쓰레기와 하찮게 취급되는 개인
정보가 있다고 말합니다. 개인형 이동 장치(PM)의 시대,
이대로 괜찮은 걸까요?

 ↳ 서울시 공유 자전거 따릉이 애용자로서, 생각이 많아지는
  글이었어요.

↳ 요즘 전동 킥보드 문제도 전국에서 주목받던데요.

《스레드》 14호에서는 지금까지 소개해 드린 열 가지
이야기를 담았어요. 그럼 이제부터 《스레드》를 시작해
볼까요?

이달의 이야기

explained

톡스

롱리드

이달의 이야기에선 한 가지 주제를 깊이 다뤄요.
단순한 사실 전달을 넘어 새로운 관점과 해석을 제시해요.
함께 읽고 생각을 나눠요.

집착.
집에 착 붙어있는 행위

차가운 서울

빠르고 역동적인 변화의 도시, 기를 써야 남아 있을 수 있는
아슬아슬한 도시, 분열과 배제라는 이데올로기를 품고 있어
어떻게든 극복해 나아가고 싶은 도시. 서울은 만만치 않습니다. 서울
곳곳을 찬찬히 둘러보면 이 곳이 얼마나 차가운 곳인지 알 수 있죠.
여러분에게 서울은 어떤 곳인가요?. __ 신아람 에디터

안녕하세요. 북저널리즘 신아람 CCO입니다.

태어나기는 청주에서 태어나 예닐곱 살까지는 대전에서 자랐습니다. 특별한 기억도 없고, 어렴풋이 기억나는 것은 여러 번 넘어져 무릎이 까졌던, 집 앞의 울퉁불퉁한 오르막길뿐입니다. 청소년기는 경기도 남부에서 보냈습니다. 하지만 동네를 벗어나는 일은 없었습니다. 주택가와 학교, 그리고 학원가가 제 세계의 전부였죠.

그래서 저는 지금 살고 있는, 서울이라는 도시야말로 저의 지역적 정체성을 설명해 줄 수 있는 공간이라고 생각합니다. 20년 넘게 누리고 즐기며 시간을 쌓아 온 곳입니다. 네. 제 삶은 서울에 뿌리내리고 있습니다. 빠르고 역동적인 변화의 도시, 서울을 좋아합니다. 하지만 그와 동시에 서울은 기를 써야 남아 있을 수 있는 아슬아슬한 도시이기도 하죠. 분열과 배제라는 이데올로기를 품고 있어, 어떻게든 극복해 나아가고 싶은 도시이기도 합니다. 이번 달 《스레드》는 서울이라는 도시의 몇 군데를 둘러보며 문을 열어 볼까 합니다.

사람을 품지 않는 도시

혹시 문래동, 좋아하시나요? 저는 그곳의 냄새를 좋아합니다. 골목 가득 매캐한 기름 냄새가 가득한데 걷다 보면 고소한 커피 향이 바람에 섞여 들잖아요. 그 냄새야말로 2023년의 문래동을 가장 잘 설명하고 있는 것 같습니다.

골목을 걷다 보면 '빠우', '샤링', '로링'과 같은, 한국어라고 생각하기는 힘든 단어들이 곳곳에서 보입니다. 문래동의 얼굴입니다. 20세기부터 문래동은 영어도 아니면서 일본어도 아닌, 그런 간판들을 주렁주렁 달고 있었습니다. 이곳에서는 무엇이든 만들 수 있습니다.

철판을 잘라서(샤링) 가공하고, 구부리고(로링), 용접하고, 표면 처리(빠우)하는, 제조업의 모든 공정이 문래동에 모여있기 때문입니다. '설계도만 있으면 탱크도 만들 수 있다'는 이야기가 괜히 나온 것이 아니죠.

그런데 이 문래동이 '힙' 해졌습니다. 젊고 가난한 예술가들이 2010년대 초 문래동으로 모여들었던 것이 시작이었죠. 창작 아지트를 시작으로 독특한 공간이 곳곳에 자리 잡았고 축제도 열렸습니다. 일하러 오는 사람들 말고 놀러 오는 사람도 생기다 보니 소소한 카페나 음식점 등의 상권도 시작됐습니다. 철공 골목 사이에 카페라니 얼마나 운치 있나요. 그 독특한 분위기가 고스란히 담긴 사진들은, 지금도 인스타그램에서 참으로 멋스럽게 소비되고 있죠.

그렇게 문래동 임대료는 치솟았습니다. 2010년 중반 문래동 한 상가의 월세는 50만 원이었는데요, 지금은 3배 많은 월세를 내고도 못 들어간다고 합니다. 기름 냄새 나는 소규모 공장이 아니라 향긋한 커피 냄새 나는 카페가 어울리는 동네가 되어버린 것입니다.

마치 일본 드라마에서나 볼 법한 초정밀 작업이 가능한 작은 공장들의 거리, 문래동. 세월로 쌓은 기술을 가진 문래동의 소공인들은 떠날 시간이 되었습니다. 이제 기를 써도 문래동에는 남을 수가 없다는 것을 당사자들이 누구보다 잘 알고 있습니다. 그렇다면 적어도 함께 옮길 수 있도록 해 달라는 것이 이들의 바람입니다. 금속 및 기계 제조의 모든 과정이 유기적으로 얽혀 있는, 지역적 협업의 힘을 잃지 않도록 말이죠. 문래동에서 수많은 시제품이 탄생할 수 있었던 까닭도, 음대 학생들이 섬세한 악기 부품을 수리하러 문래동을 찾는 까닭도 그 지역적 협업에 있었으니 말입니다.

청계천의 공구 상가들은 실패했습니다. 을지로의 인쇄 골목도 실패했습니다. 천 곳이 넘는 문래동의 작은 공장들은 성공할 수

있을까요? 시대가 변하고 돈이 흘러 들어오면 몇십 년 그 자리를 지켜
왔던 골목의 주인들이 자리를 비켜 줘야 하는 서울. 서울이 사람을
제대로 품지 못하는 까닭이 어렴풋이 보입니다.

실패한 유토피아

무엇이든 만들 수 있는 장소는, 서울에 문래동만 있었던 것은 아닙니다.
세운상가도 각종 부품 상가와 개발자들이 모여 '집적 효과'를 누렸던
대표적 장소입니다. '로보트 태권 V'도 세운상가에서 만들어졌다는
우스갯소리가 있을 정도니까요.

겉보기에는 참 낡고 위험해 보이는 이곳, 그런데 안으로
들어가 보면 깜짝 놀라게 됩니다. 처음부터 상가 층으로 지어진
하층부도 생각보다 깨끗하고, 주거 공간으로 설계된 상층부 쪽은
복도부터가 꽤나 고급스럽습니다. 바닥에는 대리석까지는 아니어도
일명 '도끼다시'라고 불리는 인조석이 깔려있습니다. 또, 모든 층에는
넓은 로비 공간도 확보돼 있죠. 채광도 좋습니다. 1960년대에 지어진
건물이라는 것을 감안하면 호사스러울 정도죠.

사실 세운상가는 건축가 김수근이 도시에서 구현할 수 있는
'유토피아'를 실현해 보고자 시도했던, 일종의 '도시 구조물'입니다.
여러 채의 건물이 모여 단지를 이루는데, 그 모양이 종로부터 을지로,
퇴계로까지 동서로 나 있는 길을 남북으로 연결하게끔 되어 있습니다.
즉, 당시만 해도 성격이 제각각이었던 서울 거리들을 가로지르며
유기적으로 연결하는 단지를 구상했던 것입니다.

이뿐만이 아닙니다. 건물과 건물을 연결하는 복도를 만들어
사람은 공중으로 다니고, 옥상에는 정원을 만들어 도시 속에서도
자연을 즐기고자 했습니다. 또 유리 지붕을 씌워 도시 속 거대

구조물임에도 외부와의 연결성을 확보한다는 계획이었죠. 그러나 이 모든 것은 현실이 되지 못했습니다. 돈 때문이었습니다. 원래 꿈을 실현하려면 돈이 드는 법이니까요. 결국, 세운상가는 연결의 꿈을 이루지 못하고 오히려 서울 구도심을 동서로 나누는 단절의 상징이 되었습니다. 그리고 지금, 세운상가는 다시 철거 논의의 중심에 서 있습니다.

넓고 깊은 한강

하지만 서울을 정말 두 쪽으로 나누는 것은, 이제는 낡고 바랜 세운상가가 아니라 한강입니다. 강의 남쪽과 강의 북쪽이 연결되려면 자동차나 지하철 말고는 방법이 없습니다. 전 세계에서 유래를 찾아보기 힘든, 도시를 나누는 크고 깊은 강입니다.

이런 사례가 드문 까닭은 애초에 그 정도로 큰 강을 품고 하나의 도시가 되는 일이 잘 없기 때문입니다. 원래 마을이나 도시의 경계가 높은 산이나 강을 경계로 생겨났다는 점을 생각해 보면 쉽게 알 수 있죠. 한강도 원래는 수량이 지금만큼 많지 않았습니다. 뱃사공이 건너 주거나 물이 말랐을 때는 걸어서도 건너는 강이었습니다.

그런데 1960년대 후반부터 서울은 한강을 키워 나갑니다. 구불구불한 건천에 가까웠던 한강을 곧게 펴고, 수중 보를 건설해 압도적인 수량을 확보하고, 강변을 따라 높은 둑을 쌓은 뒤 올림픽대로와 강변북로를 건설했습니다. 이제 한강은 쉬이 건널 수 없는 강이 되었습니다. 그리고 그 강의 남쪽에 대대적인 개발 사업이 일어납니다. 바로 '강남의 탄생'입니다.

서울은 한강을 중심으로 단절된 도시입니다. 옥수역과 압구정역은 한 정거장 차이지만 풍경은 달라도 너무 다릅니다. 도보로 이동할 수 없는 구간이니 사람이 쉬이 섞이지 않습니다. 경험이 섞이지 않습니다. 문화가 섞이지 않습니다. 그 결과 두 동네는 같은 서울이되, 지근거리이되, 가장 멀리 떨어져 있습니다.

도시의 주인

시간을 들여 삶의 뿌리를 내려도 사람들을 품어주는 법 없고, 이상적인 도시를 꿈꾸는 건축가의 청사진도 실현할 수 없으며 한 도시의 사람들을 단호하게 단절시키는 도시, 서울. 그럼에도 저는 여전히 서울에 머물고 싶습니다. 저의 일도, 사람도, 기억도 모두 서울이라는 도시에 사로잡혀 있기 때문입니다. 그래서 저는 서울이라는 도시가 좀 더 너그러워지기를, 좀 더 환대해 주기를, 좀 더 연결되기를 바랍니다.

이 바람들이 어떤 방식으로 이루어질 수 있을까, 그 고민이 이번 달 《스레드》에 담겨있습니다. 백승민 에디터의 〈브랜드 아파트와 불평등 한국 사회〉는 도시 안에서 자신만의 성을 쌓고 싶은 브랜드 아파트 주민들의 욕망을 파헤칩니다. 그리고 너그럽지 않은 것이 과연 서울인지, 시민인지를 묻죠. 또, 이현구 에디터의 〈통계에 없는 다문화 군인〉은 우리에게 환대의 시대, 함께 사는 시대가 필연적으로 도래했음을 이야기합니다. 배척을 통해 기득권을 지켜나가는 도시의 문화도 이제 바뀌어야 할 때입니다. 마지막으로 한강 변에 들어서게 될 재건축 아파트들을 중심으로 불고 있는 '초고층 아파트 붐'에 따끔한 경고를 보내는 글도 있습니다. 김혜림 에디터의 〈뉴욕의 침몰을 막을 상상력〉인데요, 우리가 미처 깨닫지 못한 초고층 건물들의 아찔한 위험을 만나보실 수 있습니다.

자, 지금부터 《스레드》와 함께 도시를 탐험해 볼까요? ✏

explained에선 세계를 해설해요.
조각난 뉴스가 아닌 완전한 스토리를 지향해요.
선택과 정제를 거친 일곱 개 이슈를 오디오로도 경험해 보세요.

서울 서초구 반포동에 고급 주상복합 아파트 '더 팰리스 73'이
들어선다. '세기에 다시없을 주거 명작'을 목표로 프리츠커상을 받은
건축가 리처드 마이어가 참여한 이 아파트의 분양가는 100~400억
원에 이를 예정이다. 남의 동네, 남의 집이다. 그런데 인터넷이
시끄러웠다. 아파트 시행사에서 낸 분양 광고 문구 때문이었다.
"언제나 평등하지 않은 세상을 꿈꾸는 당신에게 바칩니다"라는 문장이
적혀 있었다. __ 백승민 에디터

시행사는 "신중하지 않은 표현"이었다며 사과문을 올렸다. 시행사는
왜 신중하지 않았을까. 먹히는 표현이라고 생각했기 때문이다. 왜
먹힌다고 생각했을까. 아파트 광고의 익숙한 문법이기 때문이다.
우리는 이미 한참 전에 "당신이 사는 곳이 당신을 말해 줍니다"라던
아파트 광고 문구를 보았다. 특별함과 차별화를 내세우는 것은 흔한
광고의 문법이지만, 아파트 광고는 '남들과 다른 나'가 특별한 개성이
아니라 돈으로 결정된다고 말한다. 실제로 대도시의 입지 좋은 브랜드
아파트는 몇십억 원이 오갈 정도로 비싸다. 우리는 평등하지 않은
세상을 꿈꾸는 게 아니라, 이미 평등하지 않은 세상에 살고 있다.

©사진: otto Song

한국에서 아파트의 의미

아파트는 우리나라 주택 유형의 60퍼센트 이상을 차지하는 지배적인
주거 형태다. 하지만 한국에서 아파트가 주거 공간 이상의 의미를
갖는다는 것은 상식이다. 아파트는 한 가계가 거주하기 위해 점유하는
공동주택 공간을 넘어, 가계의 경제적 지위와 생활 양식을 나타낸다.

적게는 몇집, 많게는 몇천 단위가 거주하는 아파트 단지는 입주민임을
인증해야만 들어갈 수 있는 높은 담장으로 둘러싸여 있다. 빽빽한
아파트가 몇십 동씩 들어서 있는 단지는 미로 같아서 한 번 길을
잃으면 단지 밖으로 나가기도 힘들다. 이렇게 단지화된 아파트는 한국
아파트의 독특한 형태다.

세계와 한국의 아파트

아파트는 20세기 유럽에서 원래 공공 임대 주택으로 시작되었다.
노동자들을 위한 최소한의 인간적인 주거 환경으로 지원되던 것이다.
한국에서의 아파트는 처음부터 판매용으로 지어졌다. 1950년대에
지어진 단독 건물 형태의 종암·개명 아파트는 민간 건설사가
건축하여 분양했다. 최초의 단지식 아파트인 마포아파트는 1962년
한국주택공사가 임대 아파트로 공급했다가 5년 후 분양 방식으로
전환했다. 아파트 원산지 유럽에서는 아파트가 '최소한의 주거
환경'이었다면, 당시의 우리에게는 그 '최소한'조차 선망의 대상이었다.
틀기만 하면 나오는 난방, 깨끗한 상하수도 시설과 수세식 변기는
최고급 아파트에 들어가야만 느낄 수 있는 삶의 혜택이었고, 이것들이
아파트의 상징성과 가치를 높였다.

©사진: olrat

1958년 지어진 종암 아파트는
해방 이후 최초 아파트인 데다가,
처음으로 수세식 화장실을 도입한 고급 주택이었대!

상품으로써의 아파트

아파트는 주거 형태인 동시에 상품이 되었다. 한때 정부는 아파트를 둘러싼 수요를 실수요와 투기 수요로 구분하려 했지만, 사실 이 둘은 얼마든지 공존할 수 있는 개념이다. 재건축이 있기 때문이다. 사람들은 30~40년 된 아파트에 살면서 재건축을 통해 아파트값이 오르기를 기대한다. 자신이 살고 있는 아파트가 낡고 오래되어 위험하므로 안전 등급을 D등급 이하로 받았는데도 현수막을 걸고 축하하는 건 그 이유다. 재건축 대상 아파트로 점쳐질 때부터 아파트의 가격은 비싸진다. 재건축이 정말로 시행되고 나면 대부분의 아파트값은 천정부지로 오른다.

욕망이 몰리는 재건축

재건축 때 오르는 것은 아파트의 값만이 아니다. 용적률과 층고도 높아진다. 같은 대지를 이용해서 더 많은 사람이 들어와야 그 이익이 높아지기 때문이다. 서울시는 지난 1월, 서울 지역 아파트에 일제히 적용되었던 35층 높이 제한을 전면 해제했다. 이 소식에 설레는 아파트 단지가 하나 있다. 서울 강북 재건축의 대장주로 꼽히는 마포구의 성산시영 아파트다. 성산시영 아파트는 최고 층수를 40층으로 높이겠다는 정비 계획 신청서를 냈다. 재건축이 가시화되자 거래량과 시세가 오름세를 보이고 있고, 소위 '1군 건설사'로 불리는 현대건설, DL이앤씨 등이 수주전에 관심을 보이고 있다. 건설사에게 아파트 단지는 중요한 실적이다. 돈이 몰리는 대형 프로젝트이자 건설사의 주요 포트폴리오가 되기 때문이다.

아파트의 트렌드 변화

시공사들은 재건축 수주전에서 저마다 새로 지어질 아파트에 뭘
제공할 수 있는지를 내세운다. 압구정2구역 재건축 설계 공모에 참여한
건축사들이 리처드 마이어, 도미니크 페로 등 유명 건축가의 이름을
내세우고 '로봇 친화형 단지' 건설을 약속하는 것은 우연이 아니다.
아파트 디자인 트렌드는 더 이상 건축물 하드웨어만이 아니라, 삶의
경험인 소프트웨어로까지 나아가고 있기 때문이다. 《월간 디자인》
2023년 6월호 〈브랜드, 아파트 공화국을 움직이는 엔진에 대하여〉라는
기사에서 SWNA의 이석우 대표는 "과거에는 필요한 공간을 적절히
구현하는 게 전부였다면, 현재는 브랜드별로 지향하는 가치와 정체성을
설정하고, 그에 걸맞은 공간을 디자인하는 방식으로 바뀌고 있다"고
설명한다.

달라진 마을의 단위, 아파트 단지

요즘 고가 아파트의 3대 조건은 수영장과 스카이라운지, 여기에 아침과
점심 식사를 즐길 수 있는 식당이 꼽힌다. 신세계푸드나 아워홈,
삼성웰스토리 같은 식품 관련 업체들도 아파트 식당 사업권 수주전에
뛰어드는 판국이다. 사람들은 아파트를 구입하는 것이 아니라 아파트
단지를, 아파트에서 생활하는 삶을 구입한다. 아파트에서는 아침에
일어나서 밥 먹고 운동하고 문화생활을 즐기는 등 모든 것을 해결할 수
있다. 한때 아파트의 트렌드였던 '초품아(초등학교를 품은 아파트)'는
초등학교를 넘어 중품아와 고품아, 학교를 넘어 지품아(지하철)와
공품아(공원)로도 발전했다. 'X품아'라는 신조어는 한국 아파트 단지의
완결성을 보여주는 단어다.

모두의 공간이 아닌 아파트

최근 고급 아파트는 단지 내에 커뮤니티를 형성한다. 입주민만 이용할
수 있는 놀이터와 영화관, 북 카페 등이다. 1997년 외환위기 이후
분양가 자율화로 촉발된 아파트의 브랜드화는 아파트 내의 삶의 질을
바꾸었을 뿐 아니라, 브랜드 아파트와 그곳에 사는 사람들의 정체성을
만들게 되었다. 밀레니얼의 일부가 스스로를 정의하는 '아파트 키드',
'신도시 키드'라는 용어는 그 일부이다.《월간 디자인》인터뷰에서
인테그의 송승원 대표는 "중산층과 부유층이 아파트를 구입하고
자신만의 라이프 스타일을 구축하면서 아파트가 선망이 되었다. 이때
기업은 차별화를 위해 자사의 아파트에 살면 남다른 삶을 살 수 있다는
점을 강조하고자 했고, 이를 표현하는 과정에서 브랜드화가 이루어진
것"이라고 말했다.

IT MATTERS

《아파트(공적 냉소와 사적 정열이 지배하는 사회)》(2013, 마티)에서
저자 박철수는 "아파트 단지는 생활 환경의 절대적 우월성 속에서
수요자들에게 받아들여지고 있다. 그러나 편리라는 말이 행복한 삶과
동의어가 아니며, 더욱이 우리가 살아야 할 지혜로운 삶과는 거리가
멀다는 데서 문제가 생기는 것이라면 우리는 이 문제를 곱씹어야
한다"고 적었다. 아파트는 편리하다. 분리수거 등 쓰레기 처리 과정은
깔끔하고 주차 공간이 제공되며, 택배를 잃어버리거나 안전을 심각하게
위협받을 일도 여간해서는 없다. 하지만 지금 브랜드 아파트들의
가격은 편리함의 값이라기에는 지나치게 비싸다. 이를 달성하기 위한
재건축의 과정은 감히 탐욕적이라고 할 수 있을 정도다. 행복하고

지혜로운 삶과는 거리가 멀다. 하지만 아파트 역시 사람이 사는 곳이다. 서울 둔촌주공에서 있었던 250마리의 길고양이 이주 작전이나, 강남구 한 아파트에서 일하다 숨진 경비원을 위해 조의금을 모금한 것도 결국 아파트에 사는 시민들이다. 시민들은 아파트라는 공간을 단순히 누리는 소비자가 아니라 이 공간을 만들어 내고 공간에 영향력을 행사하는 실천자이기도 하다. 고급 아파트의 외형만이 아니라 아파트 내에서 일어나는 시민들의 실천에 주목할 이유다.

한편 브랜드 아파트 단지 내에서 생겨나고 있는 커뮤니티 공간은 아파트 바깥의 사회에도 필요하다. 브랜드 아파트가 코호트를 이루며, 기존 공공 공간이 하던 역할은 아파트 내의 커뮤니티가 대체하고 있다. 하지만 택배 노동자들도 출입하지 못하는 아파트 단지, 입주민 전용 놀이터 등 프리미엄 아파트 입주민만의 커뮤니티는 아파트 외부와 내부를 단절시킨다. 아파트 바깥의 시민들에게는 공공 공간이 아니라, 카페와 쇼핑몰 같은 소비 공간이 남는다. 소비 공간에서는 시민이 없다. 소비자만이 있을 뿐이다.

세계는 각 나라를 평가하기 위해 국내총생산(GDP)가 아니라 다른 지표가 없을지 골몰하고 있다. GDP를 대체할 지표로 거론되는 것은 유엔의 국가 행복 지수나 사회 발전 지수 등이다. 행복하기 위해, 사회가 발전하기 위해 필요한 것은 무엇일까. 적어도 아파트 안에서만 존재하는 행복은 아닐 것이다. GDP 13위의 대한민국, 국가 행복 지수와 사회 발전 지수의 성적은 57위와 17위로 나타났다. ⊤

18세에서 24세, 젊은 Z세대 직원들이 무급 초과 근무를 할 가능성이 높다는 연구 결과가 나왔다. 이들은 정규 업무 시간보다 일을 일찍 시작하거나, 점심시간에 일하는 등 주당 8시간 30분을 자발적으로 일한다. 전문가들은 자발적인 초과 근무가 Z세대의 번아웃을 심화할 것이라며 우려를 표했다. __ 김혜림 에디터

초과 근무는 생산성과 거리가 멀다. 젊은 직원들은 빠른 속도로
번아웃에 빠지고, 노동력과 생산성은 악순환의 고랑에 빠진다. 이들은
왜 워커홀릭이 됐을까? 그저 하고 싶어서일까? 근본적 원인은 Z세대의
불안감을 고조시키는 문화적 변화와 경제적 여건일 수 있다. 8시간
30분의 자발적 야근은 사회적 손실을 가속할 수 있다.

 〔야근, 생산성에는 오히려 안 좋을 수 있다고!〕

자발적 초과 근무

Z세대의 초과 근무에는 특징이 있다. 바로 자발적이라는 것이다. 업무
능력을 위한 자기 계발, 자발적인 야근, 휴일의 사이드 프로젝트까지.
이들은 자신을 '워커홀릭'의 상태로 몰아간다. 과거에는 몇몇에
국한되는 특이한 현상이었던 N잡과 겸업도 Z세대에게는 당연한
시대적 감각으로 자리 잡았다. MZ세대의 85퍼센트가 N잡에 관심을
보이며, 다섯 명 중 한 명은 실제로 몇 가지 직업을 갖고 있다. 이들이
워커홀릭이 된 이유는 시대적 상황, 세대적 특징과 멀지 않다.

팬데믹과 해고

3년간의 긴 코로나 시대, 엔데믹 이후에 닥친 거시 경제의 위기는
수많은 기업의 해고를 불렀다. 경제적 불확실성에 큰 타격을 받는 테크
기업의 경우, 팬데믹 이후 해고가 가속화됐다. 2022년에만 1000개
이상의 테크 기업에서 15만 명 이상이 해고됐다. 한국의 상황도 크게

다르지 않다. 지난 2월, CJ ENM은 실적 부진을 극복하고자 아홉 개 사업 부서를 다섯 개로 줄이고, 대대적인 구조 조정을 단행했다. 이제 막 직장 생활을 시작한 Z세대에게 해고 바람의 강도는 더욱 셌다. 직장과의 유대 관계를 쌓고 회사에 빠르게 적응해야 하는 시기에 외려 강도 높은 불안감을 경험하게 된 것이다.

성취와 보상

시대적 변화뿐 아니라 이들이 쌓아온 세대적 특징도 있다. Z세대는 모든 행위를 성취와 보상으로 연결해 왔다. 인스타그램과 유튜브가 대표적인 사례다. 그들의 일상생활은 콘텐츠가 되고, 플랫폼은 그에 보상했다. Z세대의 63.8퍼센트가 인플루언서를 꿈꾼다. Z세대에게 자기표현은 성취와 능력으로, 그리고 성공으로 이어지는 시작점이다. 직장이 불안하고 믿을 수 없는 존재인 반면, 자신의 시간과 노력은 분명한 성취로 돌아오는 믿음직한 존재다. 만약 자신이 투자한 만큼의 성취와 보상이 주어지지 않는다면 한편에서는 불만이, 또 한쪽에서는 불안감이 자란다. 수많은 자기 계발 플랫폼은 그 불안감을 겨냥한다. 준비물까지 준비해 주는 운동 콘텐츠 플랫폼과 완벽한 취미 생활을 위한 온라인 강의 플랫폼이 그렇다.

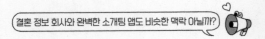

결혼 정보 회사와 완벽한 소개팅 앱도 비슷한 맥락 아닐까?

열정과 냉소 사이

Z세대는 열정과 냉소 사이에 놓여 있다. 열정적으로 자기 계발을 해야만 남들과 비슷한 수준으로 살 수 있다고 믿지만, 한편으로는

그를 통해 안정적인 미래를 얻을 수 있다는 믿음은 없다. 지난 4월, 스탠퍼드대학교 기숙사 앞에는 두 장의 쪽지가 붙었다. 쪽지에는 이런 내용이 담겼다. "당신의 입학 지원서는 매우 야심 찼을 겁니다. 그런데 지금 당신은 그 정신에 부응하고 있나요?" 한 커뮤니티 이용자는 해당 쪽지를 인용하며 "Z세대는 살아 있는 모순"이라고 표현했다. 이들은 "놀랍도록 경쟁적인 세상에서 성장하지만, 동시에 성적과 입학, 직업이 그들을 행복하게 해주지는 못 한다"는 양면적인 믿음 위에서 살아간다. 그 양면성으로 인해 Z세대는 노력과 무기력을 동시에 경험한다.

상시적 재난

Z세대의 성장 과정에는 불일치가 켜켜이 쌓였다. 대학 진학 이전 가졌던 희망과 실제 취업 시장은 충돌한다. 고착된 저성장과 지나치게 유연화된 일자리는 당초 대학 진학이 약속했던 안정적인 풀타임 잡을 앗아갔다. 한 조사에 따르면 18세에서 24세 응답자 중 3분의 1 이상이 직장에서는 자신이 배운 기술과 지식을 활용할 수 없으리라 전망했다. 두 번째는 현실에서 이룰 수 있는 것과 이뤄야 한다고 믿는 것 사이의 불일치다. 어릴 때부터 소셜 네트워크를 통해 항상 타인과 연결돼 있던 Z세대는 비교를 통해야만 세상과 소통할 수 있었다. 연결될 수 있고, 연결돼야만 한다는 강박은 Z세대에게 숨 쉬는 것과 같았다. Z세대의 열정과 냉소, 불안과 조급함은 일시적 현상보다는 상시적 재난 상태에 가깝다.

악순환

그런 의미에서 강박적인 자기 계발과 자발적인 번아웃은 SOS 신호일 수 있다. Z세대의 정신 건강 지표가 이를 방증한다. 2022년 연구에 따르면 Z세대는 다른 세대에 비해 정신 건강 문제를 보고할 가능성이 높았다. Z세대의 70퍼센트가 자신의 정신 건강에 개선이 필요하다고 답한 것이다. 정신 질환에 대한 심리적 장벽이 낮아진 이유도 있겠지만, 무엇보다 큰 원인은 불안이었다. 응답자의 대다수인 85퍼센트는 미래가 걱정된다고 말했다. 정치와 환경, 업무까지 개인을 둘러싼 수많은 사건이 스트레스로 다가오기 때문이라는 이유였다. Z세대의 90퍼센트는 자신은 성공할 준비가 되지 않았다고 진단하기도 했다.

©사진: peopleimages.com

가속과 정지

Z세대의 워커홀릭 현상의 진짜 정체는 무엇일까? 누구나 부러워할 미래를 위한 건전한 투자일까, 혹은 턱 끝까지 차오른 채 헐떡이는 숨일까. 모두가 빠르게 달리는 트랙에서 멈춘 사람은 순식간에 뒤처질 수밖에 없다. 그 가속의 과정에서 젊은 세대는 양분된다. 한편에서는 뒤처지지 않기 위해 자발적인 초과 근무를 하지만, 그 속도를 놓친 한편에서는 다시 기회를 쥘 수 있다는 희망조차 품지 못한다. 서울시의 고립·은둔 청년은 13만 명에 달한다. 한 고립 청년은 자신의

"미래가 불안하니 계속 신경 쓰고 불안감을 느껴서 그런 것 같다"고 인터뷰했다.

IT MATTERS

내부의 노동력이 낭비되고, 소진된다. 정치권에서는 인력을 수입하는 데서, 혹은 젊은 세대에게 조언하는 것에서 답을 찾으려 한다. 중국의 시진핑 국가 주석은 역대 최고의 청년 실업률을 마주하며 "젊은이들이 쓴맛을 볼 필요가 있다"고 말한다. Z세대가 원하는 조언은 아닐 것이다. 지금 젊은 세대에게 필요한 건 번아웃과 은둔 외의 제3의 선택지다. 속도를 낮추자는 제안이 담긴 제도가 큰 힘을 발휘할 수 있다. 소셜 미디어로부터의 거리 두기, 멀티 태스킹 지양과 같이 삶의 주도권을 외부의 속도에 내어주지 말자는 제안이다.

《도둑맞은 집중력》의 저자 요한 하리는 집단적 각성 상태가 개인의 절제로 해결될 수 없는 사회 구조적 문제임을 짚는다. 주 4일제, 연결되지 않을 권리가 대안으로 논의된다. 무엇보다 주목해야 할 건 Z세대가 이를 원하고 있다는 것이다. 《도둑맞은 집중력》은 2030 세대의 관심을 끌며 베스트셀러에 올랐다. 그들에게 '잘 먹고, 잘 자면서 잠시 느리게 가도 괜찮다'는 메시지가 필요하다는 증거다. ⊺

03 뇌에 칩 심는 일론 머스크

일론 머스크의 뇌 신경 과학 스타트업 뉴럴링크(Nueralink)가 미국 식품의약국(FDA)로부터 인간 임상 실험을 승인받았다. 이로써 뉴럴링크는 인간의 뇌에 컴퓨터 칩을 이식하는 실험을 할 수 있게 됐다. 아직 실험 대상을 모집하진 않았지만 조만간 자세한 내용이 공지될 예정이다. 우려와 기대가 교차하고 있다. __ 이현구 에디터

인간의 뇌에 컴퓨터 칩을 이식하면 어떤 것이 가능해질까? 2021년
12월 트위터에는 "세상아, 안녕(hello, world)"이라는 인사말이
올라왔다. 루게릭병을 앓던 62세 남성 필립 오키프의 트윗이었다.
그는 뇌와 컴퓨터를 연결해 생각만으로 트윗을 남긴 최초의 인물이
됐다. 그에게 이식된 건 '싱크론(Synchron)'의 칩이었다. 같은 인간
대상 임상에서 뉴럴링크보다 먼저 FDA 승인을 얻어낸 호주 기업이다.
터무니없어 보이는 미래는 이미 도래했다. 일론 머스크는 여기서
한차원 더 나아가고자 한다.

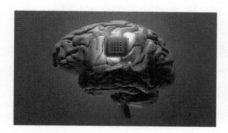

©사진: RareStock

BCI(Brain-Computer Interface)

'뇌-컴퓨터 인터페이스'를 의미하는 BCI는 오래전부터 연구가
이뤄지던 분야다. 뇌 신호를 수집해 이를 디지털 신호로 전환시켜
기기를 작동케 하는 기술이다. BCI를 통하면 신체가 마비된 사람이
생각만으로 각종 기기를 조종하거나 타인과 의사소통할 수 있다.
시력·청력 손상이나, 비만, 우울증, 불면증, 자폐증, 정신 분열증 등

난치성 신경 질환을 치료할 수 있는 길도 열린다. 싱크론은 이미
'뇌 임플란트'를 개발해 일곱 명의 환자에게 이식 후 테스트 중이다.
스위스 로잔연방공과대학교(EPFL) 연구진은 현지 시간 5월 24일 BCI를
이용해 하반신 마비 환자를 일으켜 세워 걷게 했다.

뉴럴링크의 탄생

일론 머스크의 속내는 조금 다르다. 그는 대표적인 인공지능(AI)
위협론자로 꼽힌다. 자신이 출자한 비영리 기업 삶의 미래
연구소(FLI)에서 유발 하라리 등과 함께 AI 개발을 멈춰달라는 서한을
공개하기도 했다. 다만 그는 이러한 러다이트식 주장과 어울리는
인물이 아니다. AI 시대를 대비할 머스크의 계획은 바로 '인간과 AI의
병합'이다. 2016년 머스크는 일곱 명의 과학자와 뉴럴링크라는 회사를
세운다. 뉴럴링크의 최종 목표는 사람이 서로 생각만으로 텔레파시처럼
소통하는 것이다. 그는 기술을 통해 인체의 한계를 극복하는
트랜스휴머니즘(Transhumanism)의 시대를 열고자 한다.

화성 테라포밍에 이어 기계 인간까지!

기억의 전이

인류학자들에 따르면 인간의 뇌 용량은 3000년 전부터 차츰 줄었다.
그 이유로 가장 설득력 있는 주장은 '기억의 외장화'가 가능해졌기
때문이다. 도구와 집단 지성의 발달은 기억의 필요성을 감소시켰다.
그런데 만약 뇌에 외장 하드가 있다면 어떨까? 뉴럴링크는 이것이
가능하다고 본다. 뇌 신호를 디지털로 치환해 저장하고, 반대로 그
정보를 다시 뇌에 옮겨 담을 수 있다는 논지다. 알츠하이머를 극복할

수 있다. 이론상 더 무서운 일도 가능하다. 2000년에 정발된 니타 타츠오의 만화 《체인지》는 두 사람이 뇌를 바꾸며 일어나는 비극적 사건을 그렸다. 뇌를 해킹하거나 내심을 읽을 수 있게 될지도 모른다.

머스크, 뇌를 해킹하다

2019년 7월 BBC는 〈일론 머스크가 뇌 해킹 계획을 공개하다〉라는 제목의 기사를 냈다. 머리카락보다 얇은 1500개의 전극을 이식한 쥐의 뇌에서 무선으로 정보를 전송받아 컴퓨터로 읽은 실험이 공개됐다. 뉴럴링크는 2022년 12월 이를 기반으로 한 뇌 임플란트 장치를 공개했다. 초소형 칩과 더불어 양방향 소통이 가능한 1024개의 전극 채널로 이뤄져 있었다. 수십~수백 개의 전극을 사용한 기존 BCI에 비해 훨씬 고도화된 성능을 자랑했다. 이번엔 '사케(Sake)'라는 이름의 원숭이가 생각만으로 마우스 포인터를 조작하고 키보드를 타이핑했다. 뉴럴링크의 다음 모델은 1만 6000개의 전극 채널을 목표한다.

뇌 임플란트 N1, R1

이식 과정은 만만치 않다. 뉴럴링크의 뇌 임플란트 기술은 N1이라는 칩과 R1이라는 로봇이 핵심이다. 25센트 동전보다 약간 큰 N1은 이식받는 사람의 두개골 덩어리를 대체하고 피부 아래 보이지 않게 심어진다. R1은 뇌 조직을 노출하지 않은 채 두개골 아래 경막층을 뚫어 혈관을 피하면서 빠르게 전극 바늘을 뇌에 삽입한다. 문제는 이식 이후 칩의 와이어가 뇌의 다른 부분으로 이동하며 과열로 인한 조직 손상을 유발할 수 있고 칩 제거 과정에서도 뇌 손상이 우려된다는 점이다. FDA가 이제껏 승인을 거부한 이유다. 그렇다면 다른 업체들은 이 문제를 예전에 해결한 걸까?

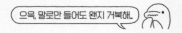

으윽, 말로만 들어도 왠지 거북해.

침습 전쟁

싱크론이 먼저 FDA 승인을 받을 수 있던 건 이들의 기술이 비교적 안전하기 때문이다. BCI는 두개골을 절개해 침을 주입하는 침습식, 혈관에 센서를 주입하는 개입식, 두피 표면에 침을 부착하는 비침습식이 있다. 뇌파 수집의 효율도 이 순서를 따른다. 싱크론의 BCI '스텐트로드(Stentrode)'는 혈관을 확장하는 미세한 철망 구조의 기기, '스텐트'를 활용한 개입식이다. 8밀리미터 길이의 스텐트를 목 경정맥에 삽입하면 BCI가 뇌혈관에 달라붙어 신호를 보낸다. 머스크는 지난해 싱크론을 인수하려 했지만 그들은 이미 제프 베이조스와 빌 게이츠의 투자를 받은 뒤였다. 최근엔 중국에서 원숭이를 대상으로 개입식 BCI 연결을 성공시키며 뉴럴링크의 입지는 더 위협받고 있다.

1500마리

머스크의 다급함은 동물의 죽음으로 이어졌다. 뉴럴링크는 현재 미국 농무부(USDA) 감찰관으로부터 조사를 받고 있다. 2018년부터 동물 실험으로 무려 1500마리 이상이 실험동물이 죽었기 때문이다. 직원들은 머스크의 재촉과 압박으로 인해 준비가 부족한 상태에서 급박하게 실험을 수행할 수밖에 없었다고 밝혔다. 물론 동물 실험은 BCI 업계 공통의 문제다. 그러나 뉴럴링크가 죽인 동물의 숫자는 싱크론이 죽인 80마리에 비해 19배나 된다. 침습적 방식을 실행하다 보니 그 방식도 더 잔인할 수밖에 없다. 이는 뉴럴링크의 근본적 방향성에 질문을 던진다.

일론 머스크는 BCI를 혁신할 수 있을까? BCI 분야의 기술 선구자인 미겔 니코렐리스는 뉴럴링크의 기술이 새로운 것이 아니며 그 지향점이 크게 비현실적이라고 일갈한다. 깊은 인지 능력과 감정 등은 전이할 수 없는 대상이라는 것이다. 여타 BCI 기업과 달리 뉴럴링크는 인간 향상(human enhancement)을 대대적으로 표방한다. 뉴럴링크가 위험성 높은 고난이도의 침습 방식을 고수하는 건 치료가 어려운 질병을 돕는다는 1차 목표를 넘어 이처럼 BCI 개념의 확장을 꾀하기에 그렇다. 사람 머릿속의 '핏빗(Fitbit)' 장비를 만들려는 야심 자체를 되돌아볼 필요가 있다.

그럼에도 뉴럴링크를 향한 기대감은 실재한다. 과거 우주 로켓을 재사용한다는 얘기에도 사람들은 비슷한 코웃음을 쳤다. 그러나 스페이스X는 2015년 위성을 궤도에 진입시킨 후 추친체 로켓을 회수하는 데 성공해 우주 산업의 새 지평을 연다. 2018년엔 팰컨 헤비(Falcon Heavy)의 보조 추진 로켓 두 대를 수직으로 동시 착륙시켰다. 스티브 잡스가 일상을 혁신했다면 일론 머스크는 인류의 가능성을 혁신해 왔다. 그러나 인체는 로켓도, 전기차도, 2차 전지도, 마음껏 주무를 수 있는 소셜 미디어도 아니다. 의료나 생명 과학 분야의 스타트업이라면 경쟁과 혁신 이전에 생명에 대한 존중이 필요하다. 1500마리 동물의 죽음과 무리한 침습 연구로는 화성에 갈 신인류를 창조할 수 없을 것이다. ❶

뉴욕이 가라앉고 있다. 매년 평균 1밀리미터에서 2밀리미터 정도다.
맨해튼, 브루클린, 퀸스와 같은 뉴욕 주요 도시가 침강하기 쉬운 도시로
꼽혔다. 원인은 땅을 짓누르는 건물이다. 건물의 무게가 지층의 이완
현상을 강화하고 있다. 땅은 가라앉는데, 해수면은 올라간다. 도시가
위험에 처했다. __ 김혜림 에디터

높고 빽빽한 건물, 그 사이를 가득 메운 사람과 콘크리트는 성공한 도시의 전형이었다. 서울시는 여의도 국제금융중심지구의 빌딩 높이 규제를 사실상 폐지하겠다는 계획을 내놨다. 기후 위기의 시대에서 도시의 문법도 바뀌어야 한다. 지금 필요한 건 마천루가 늘어선 스마트 도시가 아니다. 도시 개발과 성공 모델에 대한 상상력의 복원이다.

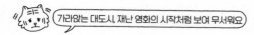
가라앉는 대도시, 재난 영화의 시작처럼 보여 무서워요

뉴욕의 땅

맨해튼의 기반암은 화산 활동을 통해 만들어진 딱딱한 편암이다. 높은 빌딩들이 줄지어 선 맨해튼 남단과 록펠러센터가 위치한 미드타운은 기반암과 지층 사이의 거리가 가까워 높은 건물을 짓기 쉬운 지반 환경을 갖추고 있다. 반면 미드타운과 다운타운 사이인 중간 지대에서는 높은 건물을 찾기 어려운데, 편암 기반이 깊은 지하에 위치해 지반이 약한 탓이다. 이 딱딱한 변성암은 1887년부터 시작된 뉴욕의 고층 빌딩 건설을 떠받쳤다. 미래에도 그럴 수 있을까? 쉽게 '그렇다'는 답이 나오지는 않는다. 이유는 건물이다.

건물과 콘크리트

뉴욕시 전체에는 108만 4954개의 건물이 있다. 이들의 무게는 7620억 킬로그램으로 전체 인류 무게의 약 두 배에 달한다. 물론 인프라와 건물 안의 물품과 가구, 사람의 무게는 뺀 것이다. 유연하면서도 빠르게 굳는 콘크리트는 도시의 무게 대부분을 차지한다. 와이즈만 연구소에 따르면 콘크리트는 인간이 만든 전 세계 모든 인공물 무게의 약 절반을 차지한다. 2040년에는 지구 전체 생명체의 무게인 바이오매스(biomass)를 추월할 것이라 예상된다.

사람

왜 도시에는 콘크리트로 지어진 마천루가 가득 들어섰을까? 사람이 몰렸기 때문이다. 1950년에는 세계 인구의 30퍼센트가 도시에 거주했다. 2007년에는 이 수치가 50퍼센트를 넘었다. UN은 2050년에는 전 세계 인구 100억 명 중 70억 명이 도시에 사리라 전망했다. 글로벌 경제 발전으로 인해 부유해진 국가는 도시와 지역을 연결하는 도로망을 건설했다. 이동이 쉽고 빨라지자, 몇몇 도시에 산업 기반이 몰렸다. 노후화된 농촌을 떠나 도시를 찾는 이들이 더 많아졌다. 1800년대의 런던과 뉴욕, 1970년대의 한국이 그랬다.

산업과 성장

콘크리트와 높은 건물로 구성된 지금 도시의 전형적인 모습은 산업화 이후 성장의 문법을 좇은 결과물이다. 미국의 사회학자 하비 몰로치(Haryey Molotch)는 이러한 도시를 '성장 기계(growth machine)'라고 표현한다. 산업 성장에 의해 도시의 경제적 가치는 커지지만 이로 인한 이익은 소수의 몫으로 돌아간다는 논지다. 한정된 땅이 경제 가치가 높은 상품이 되면 원주민은 추방당한다. 지금은 도시의 당연한 부분처럼 느껴지는 젠트리피케이션이다. 한 도시 계획자는 도시를 "성장 문화가 실제뿐 아니라 상징적 측면에서 구체화한 것"이라고 표현했다.

©사진: conceptualmotion

침몰을 감당하는 이들

이익만 소수에게 돌아가는 것이 아니다. 그 손해도 누군가에게는 더욱 무겁다. 도시는 사람을 가리지 않고 가라앉지만, 그 몫을 받는 이는 따로 있다. 뉴욕의 경우 무거운 맨해튼의 마천루로 인한 침하 피해를 브루클린 남부와 브롱크스, 퀸스의 특정 지역이 감당하게 된다. 2012년 가을 폭풍 이후, 연방 정부는 도시를 보호하기 위한 '빅U' 프로젝트를 내놨다. 광대한 잔디로 맨해튼을 둘러싸는 계획이다. 그러나 폭풍으로 인해 가장 큰 피해를 본 공공 주택이 모인 외곽 자치구를 위한 계획은 없다. 현재 미국의 해안 도시는 고학력자의 유출로 인해 고심하고 있지만, 당장의 생계를 걱정해야 하는 이들은 쉽게 이주를 고려하지도 못하는 상황이다. 2022년, 강남을 덮친 폭우로 인해 집이 잠겨도 많은 사람은 그 공간을 떠나지 못했다.

새로운 도시?

위태로운 도시를 구하기 위한 다양한 방법들이 논의된다. 그중 하나는
기후 위기와 환경 오염에 대응하는 스마트 도시다. 사우디아라비아의
네옴 시티는 물과 바람과 태양만으로 작동하는 스마트 도시를
지향한다. 그러나 새로운 도시를 만들 때 발생하는 탄소의 양, 담수화
공장이 사용하는 화석 연료, 170킬로미터 규모의 광대한 거주 공간은
친환경과는 거리가 멀다. 한편으로는 녹지 구성을 통한 녹색 도시
계획도 논의된다. 오세훈 서울시장은 지난 5월 24일, '정원도시
서울' 구상을 발표하며 낮은 건물을 높이 세우고, 빈 부지를 녹지로
채울 것이라 밝혔다. 미래 서울의 청사진에는 여의도의 용적률을
1200퍼센트로 완화하고, 높이 규제를 철폐한다는 계획도 포함됐다.
높은 건물이 세워지는데 진정한 녹색이 맞냐는 기자의 질문에
서울시는 탄소 발생량은 어차피 동일할 것이라 일축했다.

낮은 건물을 철거할 때의 탄소는 어떻게 하고⋯

나우토피아

생태학 전문가인 파블로 세르비뉴와 라파엘 스테방스는 지구에
거주하는 대다수가 더 이상 지구 시스템과 직접적으로 연결되지 못할
때, 인구는 인위적으로 만든 구조물에 전적으로 의존하게 된다고
주장했다. 그 대안으로 나온 개념이 '나우토피아'다. 우리의 사회가
완벽할 수 없다는 걸 인정하고 지금 당장 대안적인 현실을 만들자는
제안이다. 존 조던과 이사벨 프리모는 '21세기 시민 불복종 캠프'를 그
사례로 든다. 2007년 영국에서는 1500명의 환경 운동가와 시민이 모여
케냐와 같은 양의 탄소를 배출할 것이라 예상되는 공항 건설을 막았다.

이들은 예정 부지를 점거하고 그곳에 에코 빌리지를 세워 직접 탄소 없는 삶을 실천했다. 이미 있는 캠핑 트레일러를 개조한다거나 태양열 발전 샤워실을 만드는 방식이었다.

IT MATTERS

암스테르담대학교의 페데리코 사비니 교수는 탈성장을 "석기 시대로 돌아가자는 것이 아닌, 공간과 부를 재분배"하자는 아이디어라고 표현한다. 도시를 없애는 것만이 유일한 해결책은 아니다. 서울시립대학교 도시공학과의 정석 교수는 서울에는 "멋진 스카이라인을 위한 고층 건물과 랜드마크용 건물보다 소통할 수 있는 건물이 필요하다"고 주장했다. 지속 가능한 미래 도시의 핵심은 공유와 연결이다.

네덜란드의 가장 오래된 도시인 네이메헌은 1995년 경험한 홍수 피해 이후 도시 전체를 재구성했다. 네이메헌은 거대한 제방을 세우기보다, 물을 우회시키는 방법을 택했다. 물의 움직임을 면밀히 관찰하고 그 성질을 존중한 방안이었다. 덕분에 수많은 야생 동물은 다시 안식처를 찾았고, 도시는 해변을 갖게 됐다. 봄에는 꽃으로 가득 차는 작은 섬도 생겼다. 작게는 도시 농업과 코하우징도 하나의 대안으로 논의된다. 환경과 개인의 연결, 상품과 시간의 공유는 성장 모델로서의 도시 이면의 상상력을 부른다. 사람은 도시를 만든다. 거대해 보이는 도시도 사람에 의해 충분히 바뀔 수 있다는 말이다. ●

올여름 역대급 폭염이 온다. 내년 여름은 더 뜨거울 전망이다.
향후 5년간 지구 온도는 최고치를 기록할 가능성이 크다.
태평양 동쪽의 바닷물이 평년보다 따뜻해지는 엘니뇨 때문이다.
세계기상기구(WMO)는 올해 7~9월 엘니뇨가 발생할 확률을
80퍼센트로 예측한다. 엘니뇨가 시작하면 전 세계에 폭염, 가뭄, 홍수
같은 기상 이변이 나타난다. 서울은 5월에 이미 30도를 넘었다.
__ 이연대 에디터

에디터의 음성 해설을 지금 들어 보세요!

올해 하반기 뉴스에서 가장 많이 접할 단어가 엘니뇨다. 최근 3년간
라니냐가 이어지며 지구 기온 상승을 억제해 왔다. 하지만 올해
들어 동태평양의 해수면 온도가 오르면서 4년 만에 엘니뇨가 돌아올
가능성이 커졌다. 태평양 수온이 0.5도 오르면 지구 기상에 엄청난
변화가 일어난다. 건강, 식량, 물, 환경, 산업, 경제에도 광범위한 영향을
미친다. 엘니뇨 현상이 생기는 원리와 과정을 살펴보고 근미래를
전망한다.

뜨거운 바다

5월 중순 강릉 낮 최고 기온이 35.5도까지 올랐다. 관측 이래 가장
높았다. 베트남과 미얀마는 40도를 넘었다. 태국 방콕은 체감 온도가
50도를 넘어섰다. 유럽도 상황은 비슷하다. 역대 가장 덥고 건조한
4월을 보낸 스페인의 한 마을에선 기우제가 열렸다. 이탈리아 북부에선
100년 만에 최악의 홍수가 발생해 총리가 G7 회의 도중 긴급히
귀국했다. 동태평양의 해수면 온도가 올라가는 엘니뇨 때문이다. 남미
앞바다의 바닷물이 뜨거워지면 왜 전 세계가 영향을 받을까.

기상 이변의 심각성이 나날이 와닿는 것 같아

무역풍

달리는 차 안에서 밖을 바라보면 가로수가 차의 이동 방향과 반대로

움직이는 것처럼 보인다. 같은 원리로 태양은 멈춰 있어도 동쪽에서 떠서 서쪽으로 지는 것처럼 보이는데, 지구가 서쪽에서 동쪽으로 자전하기 때문이다. 지구가 서쪽에서 동쪽으로 시속 1670킬로미터로 달려 나가니까 자연히 바람은 동쪽에서 서쪽으로 불게 된다. 이게 무역풍(trade wind)이다. 과거 유럽 선박은 이 바람을 타고 대서양을 서쪽으로 가로질러 아메리카 대륙에 닿았다.

바닷물의 순환

무역풍은 범선만 움직이는 게 아니다. 바닷물도 이동시킨다. 남미 페루의 앞바다는 적도에 자리한다. 태양의 직사광선이 다른 곳보다 더 많이 도달해 바닷물 온도가 높다. 동에서 서로 부는 무역풍은 이 지역의 따뜻한 표층수를 아시아로 이동시킨다. 페루 앞바다의 따뜻한 바닷물이 서쪽으로 이동하고 나면 그 빈자리를 심해에 있던 차가운 바닷물이 올라와 채운다. 적도의 열기를 지구 곳곳으로 보내 에너지 균형을 유지하는 셈이다.

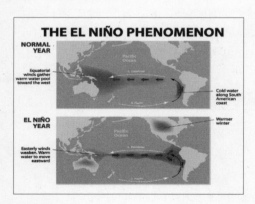

©사진: designua

아기 예수

그런데 어떤 이유에서인지 무역풍이 약하게 불 때가 있다. 그러면 따뜻한 바닷물이 페루 앞바다에 그대로 머문다. 심해의 차가운 물도 위로 올라오지 않는다. 이 물이 올라올 때 해저에 있던 영양분이 딸려 올라오는데, 그러지 못하게 되면 그 영양분을 먹는 물고기들도 수면으로 올라오지 않는다. 어획량이 줄어든다. 1600년대 페루 어부들은 연말이 되면 몇 년에 한 번씩 어획량이 주는 현상을 발견하고 마치 아기 예수가 주는 크리스마스 휴가 같다고 해서 엘니뇨(남자아이)라고 불렀다.

기상 패턴

엘니뇨는 동태평양의 바닷물 온도가 평년보다 0.5도 이상 높은 상태로 5개월 이상 지속하는 현상이다. 반대로 수온이 내려가면 라니냐(여자아이)라고 한다. 엘니뇨가 시작하면 동태평양의 열과 습기가 해류로 이동하지 못하고 대기로 방출되면서 이상 기후가 발생한다. 남미와 미국 남부에는 홍수가, 호주와 인도네시아에는 가뭄이 일어난다. 엘니뇨와 라니냐 자체는 기상 이변이 아니다. 기상 패턴이다. 3~6년 주기로 생긴다. 문제는 이 패턴이 지구 온난화를 만나 갈수록 더 강하게 발생한다는 것이다.

엘니뇨와 라니냐가 항상 헷갈렸는데!

슈퍼 엘니뇨

엘니뇨에도 단계가 있다. 동태평양 해수면 온도가 평년보다 2도
이상 올라간 상태가 3개월 이상 이어지면 '슈퍼 엘니뇨'라고 부른다.
엘니뇨는 1951년 이후 23번 발생했다. 그중 4번이 슈퍼 엘니뇨였다.
1972년, 1982년, 1997년, 2015년이다. 최근 들어 발생 빈도가 늘고
있다. 미국해양대기청(NOAA)은 올해 4월 전 세계 해수면 온도가
21.1도를 기록했다고 발표했다. 관측 이래 최고치다. 이번 엘니뇨가
슈퍼 엘니뇨로 전개될 가능성이 있다. 재난 규모도 그만큼 커지게 된다.
2015년이 그랬다.

2015

슈퍼 엘니뇨가 있었던 2015년 겨울, 유럽 알프스는 기온이 10도까지
올라 흙바닥이 드러났다. 미국 뉴욕은 초여름처럼 더웠다. 미국
중남부엔 토네이도가 몰아치고 폭설과 폭우가 쏟아졌다. 농사하기
어려운 날씨가 이어지면서 세계 곡물 생산량은 전년보다 1.6퍼센트
줄었다. 농업 생산이 차질을 빚으면서 아프리카, 남미, 남태평양에선
기근이 발생했다. 가뭄이 들면서 물 소비량이 많은 화석 연료 생산이
줄어 에너지 가격이 올랐다. 페스트, 콜레라 같은 전염병도 돌았다.

IT MATTERS

엘니뇨가 지구 온난화를 만나면서 극단적인 이상 기후가 뉴노멀이
되고 있다. 엘니뇨는 지구의 열 순환 과정에서 일어나는 자정 작용이다.
사람의 힘으로 막을 수 없다. 지구 온난화는 다르다. 온실가스를

줄이자는 전 지구적 합의안인 파리기후변화협정은 2015년 12월에 채택됐다. 마지막 슈퍼 엘니뇨가 있던 해다. 그해 벌어진 기상 이변과 인명 피해, 경제적 손실은 기후 위기의 심각성에 대한 인식을 높여 파리협정 채택에 긍정적인 영향을 미쳤다.

엘니뇨는 잠시 스쳐 가는 현상이 아니다. 사회와 경제에 오랜 기간 타격을 입힌다. 엘니뇨는 시작 시점부터 적어도 5년간 경제 성장을 둔화시킨다. 올해 엘니뇨가 유발할 경제적 손실은 2029년까지 3조 달러에 이를 전망이다. 미국 다트머스대 연구팀은 1997년 슈퍼 엘니뇨가 발생하고 5년이 지난 뒤의 GDP와 만약 엘니뇨가 없었다면 달성했을 GDP를 비교했다. 미국 GDP는 3퍼센트 감소했고, 페루와 인도네시아 같은 열대 해안 국가의 GDP는 10퍼센트 이상 감소했다.

현재 지구 온난화의 비용을 추정할 때 엘니뇨가 불러올 장기적 재정 손실은 포함되지 않는다. 경제적 피해가 과소 계산되는 셈이다. 다트머스대 연구팀은 엘니뇨 이후의 성장 침체까지 더해야 한다고 말한다. 올해 엘니뇨는 전 세계에 유례없는 가뭄과 홍수와 기근과 산불을 일으킬 것이다. 직접적 피해와 장기적 손실은 열대 지방의 최빈국에 집중될 것이다. 2023년 11월 말에 열릴 제28회 유엔기후변화협약 당사국 총회(COP28)에서 개발 도상국의 손실과 피해에 대한 선진국의 지원이 전향적으로 검토될 수 있다. 2015년 슈퍼 엘니뇨 때 그랬던 것처럼, 세계는 또 한 번 역사적 전환점을 눈앞에 두고 있다. ⊤

기후는 이제 불평등한 재난이 됐지. 유의미한 논의로 이어지면 좋겠어

도시가 하루살이로 뒤덮였다. 5월 들어 서울·경기 지역에 대형
하루살이 '동양하루살이' 떼가 출몰하기 시작했다. 평균 기온과 함께
한강 수온이 상승하면서 동양하루살이 유충 수가 늘었다는 분석이다.
각 지방자치단체들은 벌레가 생기기 쉬운 한강변, 주택가를 중심으로
조치를 마련한다는 방침이다. __ 정원진 에디터

눈에 띄어야 문제가 된다. 하지만 진짜 문제는 보이지 않는 곳에 있다. 세계적으로 꿀벌이 사라지고 있다. 우리나라에서는 소똥구리가 절멸했다. 인간은 곤충 생태계를 흔들고 있다. 지구는 어쩌면 여섯 번째 멸종을 눈앞에 뒀다. '벌레'라고 불렀던 존재를 다시 인식해야 한다.

오명을 쓴 팅커벨

하루살이 떼로 시민들이 불편을 겪고 있다. 동양하루살이(Ephemera orientalis)의 별명은 팅커벨이다. 몸통보다 긴 날개를 가졌기 때문이다. 날개를 펴면 5센티미터에 달한다. 다른 하루살이보다 큰 날개를 가진 탓에 사람들 눈에 잘 띈다. 수천 마리가 모여 있는 모습은 쉽게 혐오감을 불러일으킨다. 남양주시가 2024년까지 동양하루살이를 매년 15퍼센트씩 줄이겠다고 밝히는 등 지자체들은 방제사업에 나서고 있다. 방제는 인간이나 농작물에 피해를 끼치는 해충을 억제하는 것을 말한다. 하지만 하루살이는 따지자면 익충에 가깝다.

 익충과 해충을 나누는 기준에도 의문을 던져 볼 수 있겠어

사실은 수생태계 지표종

하루살이 성충은 입이 퇴화해 인간과 농작물에 아무런 피해를 주지 않는다. 하루살이 유충은 하천의 유기물을 먹어 양호한 수생태계를 유지한다. 유충과 성충은 각각 물고기와 새의 먹이가 된다. 동양하루살이는 2급수 이상인 물에 서식한다. 동양하루살이 개체수가

많아졌다는 것은 한강 수생태계가 양호하다는 긍정적인 신호기도
하다. 전문가들은 하루살이의 수명이 일주일이기 때문에 도심 내
'하루살이 문제'는 금방 사라질 것이라고 설명한다. 지자체로서는 단
일주일이라도 시민 불편을 두고 볼 수 없겠지만, 지금의 조치가 어떤
나비효과로 돌아올지 따져 봐야 한다.

이미 도착한 미래

인간의 활동이 생태계의 끼치는 영향은 이미 드러났다. 그 결과는
멸종이다. 우리나라의 소똥구리는 '절멸 상태'다. 이는 '잠재적
번식능력을 가진 마지막 개체가 사라져 버렸다는 점이 확실한 경우'를
말한다. 국내 자생종 소똥구리는 1970년대 이후 공식 관찰 기록이
없다. 소똥이 없기 때문이다. 시골에서 방목하여 키우던 소는 모두
공장식 축사로 들어갔다. 또 소의 사료에 들어간 항생제는 고스란히
소똥구리에게로 전해졌다. 소똥구리는 온실가스를 만들어내는 가축의
분변을 빠르게 분해하고, 굴리면서 토양에 영양물질을 전하는 역할을
했다. 소똥구리가 한 마리도 남지 않았다는 것은 생태계에 구멍이
뚫렸다는 뜻이다.

곤충 생태계가 흔들리면

곤충 생태계는 생물다양성의 근간이다. 곤충이 사라지면 모두가
무너진다. 실제로 호주에서 보공나방의 개체수가 줄어들자
꼬마주머니쥐가 굶어 죽었다. 유엔 식량농업기구(FAO)에 따르면
세계 식량자원 90퍼센트가 곤충에 의한 수분에 의지하고 있다. 곤충의
멸종은 식량의 문제다. 4억 년간 다섯 번의 멸종에도 지구를 지켜온

것은 곤충뿐이다. 과학자들은 곤충이 사라지고 있다는 것이 여섯 번째 멸종의 신호탄이라고 한다. 인섹타겟돈(Insectageddon)이라는 말까지 나왔다. 성경에서 지구 종말을 뜻하는 단어인 아마겟돈(Armageddon)에 빗댄 것이다. 곤충은 인간 없이 존재할 수 있지만, 인간은 곤충 없이 존재할 수 없다.

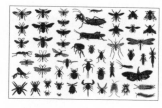

©일러스트: Hein Nouwens

세계 꿀벌의 날

5월 20일은 세계 꿀벌의 날이다. 생태계와 식량 생산에 중요한 역할을 하는 꿀벌의 가치를 알리기 위해 유엔이 지정한 날이다. 미국과 유럽에서 꿀벌군집붕괴현상(Colony Collapse Disorder·CCD)이 목격된 2000년대 이후로, 꿀벌에 대한 관심이 높아지고 있다. 하지만 그 원인은 아직 정확하게 밝혀지지 않았다. 벌 전문가 사이먼 포츠는 벌의 활동 시기와 꽃의 개화 시기가 어긋났기 때문이라고 말한다. 기후 변화로 따뜻해진 날씨에 벌은 일찍 활동을 시작하는데, 피어있는 꽃이 없다는 것이다. 기후 변화 요인을 간과할 수는 없다. 하지만 모든 원인을 기후 변화로 돌리면, 인간이 할 수 있는 게 없다.

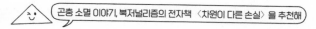

곤충 소멸 이야기, 북저널리즘의 전자책 〈차원이 다른 손실〉을 추천해

사라진 밀원

꿀벌이 실종되거나 폐사하는 것은 우리나라도 마찬가지다. 우리나라는
꿀벌 사육밀도가 세계 최고다. 1제곱킬로미터당 21.8봉군이다. 1봉군은
약 2만 마리다. 먹이 경쟁이 치열하다는 뜻이다. 그런데 주요 밀원수는
줄어들고 있다. 벌이 섭취하는 아까시나무, 밤나무 등의 밀원 면적은
지난 50년간 15만헥타르로 줄었다. 제주도 면적의 1.8배에 달하는 32만
5000헥타르가 사라졌다. 그린피스와 안동대학교가 발표한 보고서에
따르면, 꿀벌 집단폐사 문제를 해결하기 위해서 30만헥타르가
필요하다. 현재 산림청의 속도로는 30만헥타르의 밀원을 확보하는 데
수십 년이 걸릴 것으로 예상된다.

생태계서비스직불제

그린피스와 안동대학교가 제안한 것은 생태계서비스직불제다.
보호지역이나 생태우수지역의 토지를 가지고 있는 사람과 국가가
계약을 맺는 것이다. 토지 소유자가 '인간이 생태계로부터 얻는 모든
혜택'을 유지·증진하는 활동을 하면 국가는 혜택을 제공한다. 추가로
보고서는 나무를 심을 때 종 다양성을 고려해야 한다고 말한다.
1960~1970년대 녹화사업은 아까시나무를 집중적으로 심었다. 그때
심은 나무들은 노화가 진행됐고, 혀가 짧은 재래꿀벌은 아까시나무에서
꿀을 채취하기 어렵다. 종 특성을 고려해 계절마다 다른 꽃이 연속해서
피도록 다양한 나무를 심어야 한다.

2022년 12월, 캐나다 몬트리올에서 제15차 생물다양성협약
당사국총회(COP15)가 열렸다. '쿤밍-몬트리올 글로벌 생물다양성
프레임워크'가 채택됐다. 2030년까지 전 세계 육지와 바다의
30퍼센트를 보전하고 대규모 기금을 마련하는 내용이다. 선진국은
2025년까지 매년 최소 200억 달러, 2030년까지 300억 달러를
내야 한다. 하지만 개도국들은 선진국들의 몫이 너무 적다고
반발했다. 그리고 2023년 5월 10일, 에콰도르와 스위스 투자은행
크레디트스위스의 거래가 '역사적 사례'로 주목받았다.

에콰도르 정부가 발행한 16억 달러, 우리 돈 약 2조 원 규모의
국채를 크레디트스위스가 사들인 것이다. 크레디트스위스는 에콰도르
정부가 갈라파고스 해양 생태계 보호에 돈을 지출하는 조건으로,
매입한 국채를 '갈라파고스 채권'으로 전환했다. 2020년에 디폴트
선언을 할 정도로 재정 상태가 안 좋았던 에콰도르는 빚도 탕감받고
갈라파고스의 코끼리거북, 바다이구아나, 산호초 등을 보호할 수 있게
됐다. 갈라파고스는 약 9000종의 동물이 살고 있어 생물다양성의
보고라고 불린다.

생물다양성은 중요하다. 이를 지키기에 앞서 우리는 질문해야
한다. 우리는 생물을 다양하게 인식하고 있는가? 2022년 6월, 미국
캘리포니아주는 멸종위기종에 관한 주법에 무척추동물을 포함했다.
인간이 생물을 분류하기 시작한 지 200년이 지났다. 인간은 이제
막 땅벌, 왕나비 등 곤충을 법으로 보호하기 시작했다. 호주 시드니
대학교의 연구진은 곤충 종의 41퍼센트가 척추동물의 두 배의 속도로
사라지고 있다고 분석했다. 현재까지 밝혀진 동물, 식물, 균류는 대략
200만 종, 그중 70퍼센트가 곤충이다. ☻

다문화 군대로의 전환이 빨라지고 있다. 올해부터 이주 배경 청년들이 약 1만 명씩 국군에 편입된다. 한국군사회복지학회에 따르면 올해부터 향후 5년간 징병 검사 대상이 되는 이주 배경 남성은 연평균 9461명이다. 국군 병력의 3퍼센트 규모다. 2029년부터는 약 1만 9000명가량이 징병 검사 대상으로 우리 군인의 4~5퍼센트로 늘어난다. 그 규모에도 불구, 다문화 장병에 대한 정책과 지원은 미비하다. 제도적 보완이 필요하다는 목소리가 나온다. __ 이현구 에디터

학계에서는 인구의 5퍼센트가 이주 배경 주민이면 다문화 사회로 본다.
코로나19로 주춤했지만 우리나라에도 현재 약 4퍼센트 내외의 등록
외국인이 산다. 2040엔 6.9퍼센트에 이를 것으로 추정된다. 다문화
사회가 코앞이다. 그간 많은 이주 배경인이 공장과 건설 현장, 농장,
가사 등 내국인이 기피하는 일자리를 채워 왔다. 차별과 노동 환경
문제도 자주 불거졌다. 군대는 그 모든 문제의 집약체가 될 수 있다.
포용이 안보의 문제가 되는 시대가 왔다.

©사진: Yeongsik Im

제1 다문화 보병 사단

다문화 장병 3퍼센트는 어떤 의미일까? 절댓값과 비율로 체감이 되지
않는다면 편성 단위로 보는 방법이 있다. 현대적 개념의 군 편제상 1개
사단 규모는 3000명에서 1만 5000명 사이이다. 한국 육군은 보병 사단을
기준으로 완편 시 1만 1500명이다. 앞으로 다문화 장병들로만 한 개의
사단 구성이 가능해지는 것이다. 군대 예능에서 흔히 접할 수 있는

'백골', '백호', '칠성' 등이 사단의 이름이고 군복 좌측 어깨에 붙은 게 사단 마크다. 별도의 부대 마크와 함께 '제1 다문화 보병 사단'이 생겨도 이상하지 않다. 현재 대한민국 육군은 총 38개 사단 전력을 갖추고 있다.

사라지는 군부대

전역자들이 착각하는 게 있다. "군대는 변하지 않는다"는 것이다. 지금 당장 출신 부대를 검색해 보면 자신의 부대가 해체됐다는 사실과 마주할 수도 있다. 출생률 저하로 대대적 감편 및 부대 통폐합이 이뤄졌기 때문이다. 대한민국 육군은 2026년까지 31개 사단으로 그 규모를 줄일 계획이다. 사단 한 개 규모가 될 다문화 장병은 안보 공백을 메워주는 소중한 전우다. 문제는 0.78명의 합계 출산율을 자랑하는 우리나라답게 다문화 출생아 비중도 하락하고 있다는 점이다. 2020년 6퍼센트까지 올랐지만 2021년엔 전년 대비 12.8퍼센트 감소해 5.5퍼센트를 기록했다. 수통은 6·25 때와 같지만 인구 변화는 계속돼 왔다.

2010, 다문화 장병의 등장

다문화 장병이 등장한 건 2010년이다. 군은 병역법을 개정해 '외관상 명백한 혼혈인'의 입대를 의무화했다. 원래대로면 5급 제2국민역으로 복무가 면제되었을 51명이 최초로 현역병에 입대했다. 개정의 배경은 장병 수 감소에 따른 위기의식뿐만이 아니다. 사회 통합의 측면도 있었다. 다문화 가정 2세들의 병역 의무 논란이 불거지지 않게 하기 위함이다. 병무청은 2011년부터 다문화 장병의 적응을 위해 다문화

가정 출신 2~3명의 동반 입대 복무 제도를 시행해 함께 군 생활을 할
수 있게 했다. 현재 다문화 장병은 몇 명이고 이들의 군 생활은 어떨까?

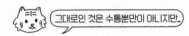
그대로인 것은 수통뿐만이 아니지만.

No Raw Data, Null

모른다. 로우 데이터조차 없다. 비공식 자료에 따르면 2010년부터
2018년까지 4000명가량의 다문화 장병이 현역 복무를 했다. 2019년
당시 3000명의 현역병이 복무 중이라는 기사도 있지만 출처는
불분명하다. 다문화 장병의 집계는 2015년 4월 다문화 장병 관련 부대
관리 훈령이 바뀌며 2016년까지만 이뤄졌다. 당시 국방부는 조사
및 현황 자료 보유 자체가 차별 행위라는 인식 하에 이를 멈췄다고
설명했다. 물론 다문화 장병들도 신상을 드러내는 것에 거부감을 가질
확률이 높다. 한편, 병역법 개정의 원인이었던 사회 통합은 2019년
다문화 장병 동반 입대 폐지의 논리가 됐다. 실제 다문화 장병들의
동반 입대 신청 건수도 적었다. 문제는 없는 걸까?

군대는 단체 생활이야

"돼지고기를 금기시하는 무슬림의 율법 때문에 군대에서 차별받지는
않을까, 외모가 다르고 말투가 어눌한 것으로 놀림을 받지는 않을까
걱정이 됩니다." 한국에 온 지 14년이 된 무함마드 사캅 씨가 2019년
11월 '국민이 묻는다'라는 행사에서 문재인 당시 대통령에게 던진
질문이다. 구체적 차별 사례는 없지만 군대는 흔히 '단체 생활'의
논리로 설명되는 곳이다. 전문가들은 일체성 속에 소속감을 느끼는 군

문화의 특성상 다문화 장병의 다양성은 차별적 요소가 될 가능성이
크다고 지적한다. 상명하복, 신속한 의사소통, 획일화된 보급품과 식단
등은 언어와 문화의 차이가 있는 다문화 장병들에게 고역일 가능성이
크다.

폐쇄된 조직

더 큰 문제는 군 조직의 폐쇄성이다. 다문화 장병이 차별을
경험하더라도 제대로 된 조처가 있을지 미지수다. 다문화 장병을
위한 법은 부대 관리 훈령 3장에 마련되어 있으나 차별을 금지하고
지휘관의 다문화 교육을 부여하는 정도에 그친다. 차별 행위가 묵인될
시 공론화하거나 법적 대응을 하는 것은 내국인에게도 어려운 일이다.
공군 내 성추행 사건으로 세상을 떠난 이예람 중사의 억울함은 아직도
풀리지 않았다. 성전환을 이유로 강제 전역되어 생을 마감한 변희수
하사의 순직 처리도 결국 이뤄지지 않았다.

©사진: Yeongsik Im

다문화 군대가 한국에 더 어려운 이유

다문화 군대로의 이행은 필연적이다. 그러나 성공적인 다문화 군대로의 이행은 한국에 특히 어려운 과제다. 한국은 징병제다. 사병 월급도 세계 최하위 수준이다. 국군의 위상도 낮고 전역자에 대한 처우도 열악하다. 병 개인을 고려한 포괄적 지원이나 선진 병영을 기대하기 어렵다. 순혈주의 신화에서 비롯된 배타성이 결부되면 병영 문화의 새로운 고질병이 될 수 있다. 다문화 장병도 애국심을 갖기 어려워진다. 의무 병역임을 감안하면, 매해 한국에 반감을 가진 이주 배경인이 숱하게 생겨나는 꼴이다. 국방력 역시 약화된다. 1882년 조선은 이미 임오군란을 경험했다. 1857년 인도 용병들이 영국에 반기를 들며 일어난 세포이 항쟁도 영국이 다문화 군의 다양성을 존중하지 않아 발생한 사건이었다.

IT MATTERS

우크라이나에 전운이 감지될 당시, 많은 전문가는 러시아의 침공이 소규모 국지전에 그칠 것으로 봤다. 러시아는 이를 비웃듯 우크라이나 전역에 미사일을 쏟아부으며 가용 병력의 95퍼센트를 투입해 섬멸전을 노렸다. 전문가들의 분석과 러시아의 섬멸전에는 아이러니하게도 같은 이유가 작용한다. 우크라이나는 땅이 넓고 평지라 군을 통한 완전한 점령도 방어선 구축도 어렵기 때문이다. 현대에 와 아무리 군사 기술이 발달하고 미사일·드론 전쟁이 되었다 해도 보병은 소중하다.

한국은 다문화 강군을 가질 수 있을까? 전문가들은 아직 다문화 장병이 입대해 온 기간이 짧아 복무 생활과 상호 간 인식, 갈등 등에 대한 구체적 연구가 부족하다고 말한다. 단순 현황조차 부재한 상황에서 정책을 수립하는 것 역시 불가능하다. 정책엔 숫자가 필요하기 때문이다. 다문화 장병의 식별이 차별적이라면 개인화된 지원을 위한 조사를 모두에게 확대하거나 더 많은 선택지를 주는 방법도 있다. 차별금지법이 소수자만을 위한 법이 아니듯 병 개인의 기호와 다양성을 존중하는 것은 모두에게 이롭다.

개선에는 돈이 든다. 복지엔 지출이 필요하다. 국군의 열악한 처우를 감안하면 충분히 지출을 고려할 수 있는 문제다. 값비싼 전투 장비의 교체가 필요한 것도 아니다. 종교와 언어, 음식 등 기본권의 회복이 필요 조건이다. 기원전 5세기 20개 이상의 속국을 거느렸던 페르시아제국조차 사병들의 종교 및 언어의 다양성을 존중하고 식문화 차이를 해소하기 위해 노력했다. 대표적인 다문화 군대인 미군도 모두 24종의 전투 식량에 무슬림용, 유대교용, 채식주의자용 등 선택권을 더했다. 특히 한국처럼 지휘관의 의무적 다문화 교육에 그치는 것이 아닌 본격적인 '기회 균등 프로그램(Equal opportunity program)'을 마련해 지휘관의 다양성 존중과 부대의 단결을 구체적 지표로 제시한다. 안보는 누군가에게 기대는 것이 아니고 다양성은 군 밖의 이야기가 아니다. 군인이 변한다면 군대도 변해야 한다. ❺

미군은 국군에 비해 군수과를 굉장히 중시한다구~

톡스에서 내 일과 삶을 변화시킬 레퍼런스를 발견해 보세요.
사물을 다르게 보고 다르게 생각하고 세상에 없던 걸 만들어 내는
혁신가를 인터뷰했어요.

학점 3.0 미만. 취준생 임승원은 자신을 주인공으로 한 유튜브 채널을
만든다. 감각적 영상에 담은 진솔한 이야기로 유튜브 '원의 독백'은
금세 입소문을 탄다. 이는 무신사로부터의 입사 제안으로 이어진다.
수많은 인플루언서와 작업하며 커리어를 쌓던 그는 2년간의 근무를
뒤로하고 돌연 퇴사한다. 인디펜던트 워커 임승원에게 퇴사의 이유와
자신만의 일을 정의하는 방법을 물었다. __ 이현구 에디터

사장님이 된 지 약 네 달이 지났다. 그간 어떻게 지냈나.

한두 달 내내 비즈니스 미팅만 한 것 같다. 유튜브에 퇴사를 주제로
한 영상을 올려서 그런지 많은 제안이 있었다. 처음엔 어떻게 먹고
살아야 할지 두려움이 컸는데 다행히 3, 4월부터 일을 조금씩 시작할
수 있었다.

무신사 오리지널랩은 큰 기회였다. 왜 퇴사했나.

콘텐츠 만드는 회사에서 콘텐츠 PD를 했다. 보통 콘텐츠 문법이 그렇듯
사람들의 관심을 빠르게 읽고 풀어내는 휘발성 강한 작업을 많이 했다.
적성에도 맞고 재밌었지만 더 장기적으로 사람들의 마음을 사로잡고픈
욕심이 있었다. 비디오 콘텐츠라면 올린 지 1~2년이 지나도 다시 한
번쯤 돌아오게 되는 걸 만들고 싶었다. 주변에서 같은 질문을 받으면
"하고 싶은 걸 하려고 나왔다"라고 말한다. 무작정 독립 후 사업을
하겠다는 것보단 이처럼 커리어 고민에 가깝다.

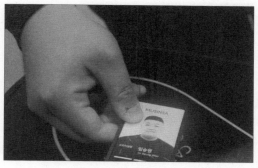

영상 〈퇴사〉에서 임승원은 이소라의 〈사랑이 아니라 말하지 말아요〉를 통해 퇴사의
심경을 표현한다. 노래를 굉장히 잘한다. ©원의 독백 유튜브

이 모든 것을 있게 한 시작으로 돌아가 보자. 평범한 취준생은
어쩌다 영상을 만들게 됐나?

비디오에 대한 관심은 어릴 때부터 있었다. 직접 영상을 만들게 된
건 LG에서 대학생 기자단을 하면서다. 전문 지식은 없었지만 콘텐츠
제작을 도맡게 됐다. 당시 주관사가 광고 회사였다. 기자단 활동이 끝난
후에도 좋은 관계를 유지해 간간이 일거리를 받았다. 이영애 배우를
정말 가까이서 촬영할 기회가 있어 수업을 빼먹고 가기도 했다. 당시
학점이 3점 미만이어서 출석 한 번이 소중한 상황이었다.

유튜브 '원의 독백'을 시작한 계기는 무엇인가?

처음부터 끝까지 내 마음대로 주무를 수 있는 무언가를 갖고 싶었다.
당장에 돈이 되는지는 중요치 않았다. LG의 광고 회사와 일하던
때의 갈증도 작용했다. 내 제작을 많이 믿어주셨지만 더 자유로운
프로젝트를 원했다. 당시엔 취업도 어려웠고 학점 3점이 취직의
마지노선처럼 느껴졌다. 원의 독백이 나만의 포트폴리오가 돼줄 것이란
믿음이 있었다.

왜 독백의 형태로 기획했나?

내가 주인공이 되길 원해서다. 유튜브엔 브이로그든 먹방이든 장르가
뚜렷한 채널이 많다. 그렇게 되면 채널의 주인공은 그 소재가 된다고
생각했다. 테크 유튜버가 갑자기 패션이나 음악을 다루면 당연히 조회
수가 떨어질 거다. 채널의 주인공에 나라는 사람과 내 생각을 놓으면
얘기가 달라진다. 테크, 패션, 음악, 그 어떤 것이든 다룰 수 있다.

그러면서도 꾸준히 사람들의 관심이 유지되는 탄탄한 브랜딩이 된다. 독백의 범용성은 큰 것 같다.

원의 독백에선 시대정신이 읽힌다. 자신의 이야기가 세상 사람들에게 공감을 얻으리란 확신이 있었나?

바이럴이 되리란 생각은 못 했다. 나에 대한 브랜딩이 주된 목적이라 그저 사람들이 다루지 않을 법한 사소한 얘기나 잡념을 풀었다. 댓글이 하나 둘씩 달리고 조회 수가 늘어가며 이것이 나만의 얘기가 아니란 걸 알게 됐다. 모두 비슷한 고민을 하고 있더라. 사실 원의 독백을 처음 시작할 땐 취업도 잘 안 되고 외로웠다. 영상을 통해 사람들이 서로 공감하고 에너지를 얻는 걸 보며 혼자가 아니란 생각이 들었다. 구독자분들이 키워 준 채널이라는 말은 거짓이 아니다.

모든 사람은 소셜 미디어든 어디든 독백을 하고 살아간다. 원의 독백이 특별할 수 있던 이유는 뭘까?

남의 고민은 가벼워 보인다. 내 고민은 무겁게 느껴진다. 인지상정이다. 내 고민이 가볍게 소비되지 않길 원했다. 더 무게감 있게 표현해 마치 영화처럼 만든 점이 주효했다고 생각한다. 먹고살기 어렵고 취업도 안 되는 게 사회 전체로 볼 땐 보잘것없는 개인의 서사다. 그러나 누군가에겐 굉장히 의미 있는 인생의 계단이다. 부정적인 감정조차 소중한 경험이다. 지금이 아니면 할 수 없는 고민이기 때문이다. 이를 캡처해 영화처럼 남겨 놓은 게 원의 독백이다.

<u>여담이지만 공간을 잘 쓴다. 자신이 스크린 속 어디에 위치해야</u>
<u>하는지 정확히 아는 것 같다.</u>

감사한 피드백이다. 실제로 공간 배치를 매우 신경 쓴다. 영상의
몰입도를 위해 담고자 하는 대상이 서 있는 위치를 조정한다. 원의
독백에선 그 대상이 내가 된다. 주인공이 이 세계 안에서 어디에
위치했는지에 따라 영상의 무드도 크게 바뀐다. 힘든 소리를 고층
아파트 사이에서 하면 이질감이 느껴질 것이다. 나 자신을 때때로
신호등 끝에, 방구석에, 군중 사이에 놓는 이유다. 시청자에게도
주인공이 어디 서 있는지에 대한 정보가 먼저 전달이 돼야 한다고
생각한다.

<u>원의 독백은 기획도 감각도 힙하다. 트렌드를 좇는 것과 자신의</u>
<u>스타일을 고수하는 것의 비율이 궁금하다.</u>

트렌드는 거의 생각지 않는다. 내가 좋아하는 것 100퍼센트다.
무신사에서 콘텐츠를 만들며 의식적으로 유행을 찾아보고 했던
게 다. 최근의 트렌드는 쇼츠(shorts)에서 생산되는 것 같은데,
의식적으로 거리를 두려고 한다. 요즘은 취향도 통제당하는 것 같다.
유튜브 쇼츠를 보면 늘 같은 것만 뜬다. 옆 사람이 보는 걸 나도
보고 있다. 나만의 차별점이 사라지는 걸 경계해야 한다고 생각한다.
자극적으로 짜깁기된 쇼츠로부터 의도적으로 멀어지는 훈련도
필요하다고 본다.

유행과 멀다곤 했지만 특정 브랜드를 다룰 땐 커머셜급으로
풀어낸다. 브랜드나 제품을 바라보는 관점이 궁금하다.

군더더기 없고 실용적인 브랜드를 좋아한다. 애플, 프라이탁, 칼하트
같은 브랜드의 제품을 보면 디자이너가 사용자 입장에서 고민한
흔적이 느껴진다. 이를 엿보는 것을 좋아한다. 브랜드 철학이나
창작자의 관점은 늘 흥미롭다. 시작은 애플이었다. 중학생 때 세뱃돈
모아 사곤 했다. 사람들은 애플이나 프라이탁을 예쁜 쓰레기라고
하는데 잘 이해하지 못하겠다.

프라이탁에 관하여 ⓒ원의 독백 유튜브

영상미에 가려져 있지만 글을 참 잘 쓴다. 비결이 뭔가.

원래 글을 쓰거나 했던 건 아니다. 평소에 잡념이 많은데 이를
흘려보내지 않으려 아이폰 메모장에 써놓는 정도다. 다만 이것이 잘
전달되는 게 중요하다고 생각했다. 최대한 쉽게 읽히게끔 하는 게 내
글쓰기의 조건이다. 그러려면 잘 덜어내야 한다. 비디오를 만드는 등
창작을 할 때도 마찬가지다. 쉬운 구조로 만드는 것을 중요시한다.

핵심이 무엇인지 고정해 놓고 그 주변으로 조금씩 살을 붙여가며
만드는 편이다.

브랜드를 보는 관점과 일맥상통하는 것 같다.

그런 것 같다. 일단 나부터 집중력이 약하다. (웃음) 읽는 사람들을
위한 방식인 동시에 나를 위한 방식이기도 하다.

원의 독백의 흥행은 무신사 입사 제안으로 연결됐다. 당시 몇
차례 거절했던 것으로 아는데 이유가 무엇인가.

영어로 말하면 "Too good to be true"였다. 잘할 수 있을까 걱정됐다.
코로나19로 취업 시장이 불황이었지만 이 일이 내 커리어에 어떤
의미일까 많은 고민이 있었다.

무신사 오리지널랩에서의 경험에선 무엇을 배웠나.

협업하는 방법을 배웠다. 이제껏 주욱 혼자 해왔는데 협업을 하려면
사람을 믿는 방법도 배워야 하더라. 영상에 있어 스스로의 기준이 매우
까다롭고 높다는 것도 알게 됐다. 마음에 안 드는 게 있어도 미시적인
부분까지 컨트롤하는 건 전체 기획에서 별로 좋지 않은 자세였다.
포기해야 할 때가 언제인지를 아는 게 왜 아름다운지 알게 된 것 같다.
한편 타 브랜드와 일하며 느꼈던 억하심정이 〈어깨빵〉이라는 제목의
영상으로 탄생하기도 했다.

끊임없이 일을 벌이기도 하고, 믿을 수 없을 만큼 빠르게 접는다. 그 확신은 어디서 나오나?

충동적인 사람이라 그런 것 같다. 그걸 단점으로 보진 않는다. 원래 두려움도 많고 도전과 리스크에 대해 보수적이다. 아버지는 살면서 단 한 번도 할부를 해보신 적이 없고 나도 그 영향을 받았다. 미래의 불확실성에 기대지 않는 법을 배워왔다. 그럼에도 늘 당장에 돈이 되는 일보다 미래를 위한 투자같이 느껴지는 일에 매력을 느끼게 되더라. 당장은 안정적인 것 같아도 장기적으로 아니다 싶으면 빠르게 접을 수 있는 이유다.

많은 이들이 사직서를 품고 산다. 하지만 첫발을 떼는 건 어려워한다. 이들에게 조언한다면?

적을 옮기는 것은 배를 갈아타는 것 같다. 쪽배라도 있어야 내릴 수 있을 것이다. 이처럼 뭔가 준비돼 있어야 할 것 같다는 기분이 드는 것을 잘 이해한다. 준비에 쓸 에너지를 다른 곳의 기준이 아닌 오롯이 나 자신에게 써보는 건 어떨까? 최근에 느낀 거지만 난 기회를 찾아 떠나는 사람이라기보다 기회가 오기를 기다리는 사람 같다. 우리는 보통 기회를 찾아 떠난다. 기회가 되는 곳의 기준에 나를 맞춘다. 하지만 자신에게 에너지가 집중되면 자연스럽게 기회가 온다.

원의 독백은 그 결과물이라 봐도 되나?

그렇다. 나의 경우 운 좋게도 모든 브랜딩 파워가 한곳으로 모이고 있지 않나. 어떤 플랫폼이 됐든 나를 향한 관심을 모아줄 그릇이 있다는 것은 좋은 일이다. 비가 내릴 때 흘려보내면 어딘가로 흩어지고 말라버린다. 바깥에 그릇을 하나 두는 것 만으로도 한 그릇의 물이 된다. 그 물을 어딘가 사용할 수 있게 된다. 원의 독백은 그런 점에서 명함 같다. 회사 이름이나 직함은 없지만 그 무엇보다 나를 완벽하게 설명하는 매개체다.

어떻게 하면 자신이 좋아하는 일을 하면서 살 수 있나? 무엇부터 시작해 보는 게 좋을까?

쉽지 않은 질문이다. 가장 현실적이고 실천적인 방법으로는 기록이 있겠다. 내가 뭘 좋아하고 어떤 생각과 열정이 있는지 기록해두는 게 제일 중요하다고 생각한다. 내가 좋아하는 것들 각각도 소중하지만 그것들이 결합했을 때 나오는 시너지는 대단하다. 취향의 고도화도 중요하다. 당장은 잘 이해하지 못해도 굳이 미술관에 가서 작품을 본다거나 레코드 기계를 직접 만져보며 음악을 들어보는 것, 그런 수고로움이 자산이 된다. 나만의 취향을 다른 이들과 차별화할 수 있어야 한다.

지금 시대의 사람들은 레퍼런스를 필요로 한다. 콘텐츠를 만들 때 레퍼런스를 두지 않는 것으로 아는데 레퍼런스에 대한 생각이 궁금하다.

레퍼런스는 쉬운 방법이다. 다만 무언갈 창작하거나 어딘가에 뛰어들 때 깊이감을 만들어주진 못한다. 원재료를 가지고 요리하는 훈련이 필요하다. 앞서 쇼츠 얘기를 했는데 틱톡과 같은 플랫폼엔 누군가 원재료를 가공해 만든 것들이 넘쳐난다. 이것들은 인스턴트 음식과 같다. 취향의 건강을 망친다. 영화를 예로 들면, 영화 리뷰 채널을 볼 게 아니라 영화를 직접 보고, 그 영화감독들이 영감을 얻었을 책을 보고, 책의 저자가 여행했을 곳을 직접 가 보라 권유하고 싶다. 자신을 더 어렵고 지루한 것에 노출시키는 걸 두려워 말았으면 좋겠다.

> 석관동을 나오며 찍은 독백에서 "생각을 줄이고 행동을 많이 하라"고 조언한다. 나만의 일을 시작하기를 주저하는 이들에게 한 마디 부탁한다.

세상으로부터의 반응은 꽤 오랜 시간 없을 수 있다. 거기서 멈추면 거기서 끝난다. '나만의 것'을 만드는 것만큼 '지속하는 것'이 중요하다. 지속의 원동력을 세상의 반응으로 삼지 말았으면 좋겠다. 금방 지치게 된다. 자기 자신이 만족하고 즐거움을 느끼는 게 최고의 모티베이션이다.

> 앞으로 해보고 싶은 것은 무엇인가?

아직 모르겠다. UI·UX를 공부해보고 싶다. 건축에도 관심이 많다. 지금 당장은 오프라인에서 더 많은 사람을 만나는 일을 해보고 싶다. 오프라인 숍이 될 수도 있겠다. 사람들은 보통 창작을 잘 안 하고 소비를 주로 하는데, 많은 사람에게 창작의 즐거움을 알려주고 싶다. 그런 방향으로 브랜드를 발전시켜 나갈 것 같다. ❶

왼쪽 페이지 위부터 시계 방향으로

체격이 크고 인상이 순하다. 영상에서 느껴지듯 겸손하고 친근하다. ©임승원

영상 〈나는 내 삶의 사장님〉은 무신사 퇴사 후 새롭게 차린 사무실에서 촬영됐다. 인터뷰를 진행한 장소기도 하다. ©원의 독백 유튜브

무신사 테라스에서 열린 원의 독백 팝업 스토어 현장 ©임승원

임승원의 프로필 사진 ©임승원

롱리드는 단편 소설 분량의 지식 콘텐츠예요. 깊이 있는 정보를 담아요.
내러티브가 풍성해 읽는 재미가 있어요.
세계적인 작가들의 고유한 관점과 통찰을 만나요.

그 많던 자전거는 다 어디로 갔을까

연못의 물을 모두 비워내자 다른 종류의 침입종들이 모습을 드러냈다.
수십여 대의 자전거였다. 사람들이 도시의 길거리와 골목과 주차장에
쓸모 없어진 자전거를 버린다는 건 예전부터 비교적 잘 알려져 있었다.
그러나 이렇게 물속에 자전거를 폐기한다는 사실은 거의 모르고
있었다. 전 세계의 물속에는 얼마나 많은 자전거가 숨겨져 있을까?
수많은 연못과 호수, 운하, 다뉴브강, 갠지스강, 나일강, 미시시피강
등에는 얼마나 더 많은 자전거가 가라앉아 있을까?
__ 조디 로즌(Jody Rosen)

The Canal Saint-Martin in Paris. ©사진: Patrick Kovarik

거대한 수중 쓰레기장

파리 시 당국은 10여 년마다 한 번씩 생 마르탱(Saint-Martin) 운하의
물을 빼낸다. 센(Seine) 강의 우안(Rive Droite · 右岸)에서 남쪽으로
4.6킬로미터를 흐르는 이 물길은 원래 콜레라와 이질(痢疾)로 오염된
파리에 신선한 물을 공급하면서 도시를 깨끗하게 유지하기 위한
용도로 건설됐다. 그러나 지난 두 세기 동안 이 운하는 다른 용도로,
오히려 정반대의 기능으로 이용되어 왔다. 이곳은 폐기물이 버려지는
거대한 수중 쓰레기장이다. 주기적으로 물을 빼내는 이유도 그런
쓰레기들을 처리하기 위해서다. 물이 빠지고 나면, 수천 밤 동안 누군가
내동댕이치거나 집어던지거나 슬그머니 빠트린 물건들이 모습을
드러낸다.

2016년에 운하가 비워질 당시에, 사람들은 인도교와 선창에
몰려나와서 청소 인력들이 진창을 헤집으며 쓰레기를 꺼내는 광경을
구경했다. 매트리스, 여행 가방, 도로 표지판, 안전 고깔(라바콘) 등

수많은 쓰레기들이 있었다. 세탁기, 재단사용 마네킹, 테이블, 의자, 욕조, 변기, 낡은 라디오, 개인용 컴퓨터도 있었다. 진창에서는 수많은 탈것도 끌려 나왔는데, 그중 원래부터 물 위를 운행하도록 설계된 것은 한 대도 없었다. 유모차와 쇼핑 카트 여러 개, 휠체어 최소 한 개, 그리고 모터 달린 자전거도 여러 대 나왔다.

현재 생 마르탱 운하와 인접한 제10구의 거리는 파리에서도 가장 고급스러운 지역 가운데 하나로, 멋진 카페와 레스토랑이 즐비한 곳이다. 그러나 밤늦은 시각에는 여전히 지나간 시절의 음습한 분위기가 일부 남아 있다. 예전에 이곳은 서민들이 거주하는 초라한 지역이었고, 그래서 누아르 영화나 탐정 소설의 무대로 활용되는 경우도 많았다. 그런 영화나 소설들을 보면 생 마르탱 운하의 컴컴한 물속에서 어두운 비밀이 드러나곤 한다. 조르주 심농(Georges Simenon)의 미스터리 범죄 소설《매그레와 머리 없는 시체(Maigret and the Headless Corpse)》(1955)는 프랑스 경찰이 생 마르탱 운하의 발미 강둑(Quai de Valmy) 근처에서 절단된 사체를 건져 올리는 장면으로 시작한다. 2016년에 청소할 당시에는 사람 시체가 발견되진 않았지만, 가장 북쪽에 있는 수문 한 곳에서 권총 한 정이 나왔다. 이후에도 당국은 이곳에서 소총 한 자루를 발견했다고 발표했다.

와인 병과 휴대 전화를 제외하고 가장 많이 발견된 물건은 자전거였다. 2007년에 파리는 자전거(vélo)와 자유(liberté)를 조합하여 만든 명칭인 벨리브(Vélib')라는 자전거 공유 사업을 시행했다. 이는 도시 전역에 1만 4500대의 공공 자전거를 배치하여 사람들이 빌려 탈 수 있게 하는 것이었다. 그런데 운하의 물이 빠지고 나자, 벨리브 자전거 수십여 척의 뼈대가 운하 바닥의 진흙탕에 반쯤 파묻힌 채 모습을 드러냈다. 제조사와 생산 연도가 다른 여타 자전거도 많이 발견됐다. 일부는 고장이 나서 버려진 듯했다. 바퀴가 휘거나 뒤틀린

것도 있었고, 아예 바퀴가 없는 것들도 있었다. 바퀴나 프레임이 멀쩡한 경우에는 손잡이나 연결 부품인 스템(stem)이 없었다. 조르주 심농의 소설 제목처럼 '머리 없는 시체'였던 것이다.

순전히 우연으로 이곳 운하에 다다른 자전거들도 있을 것이다. 의도치 않은 이유로 물속에 자전거를 폐기하게 만드는 원인에 대해서는 다양하게 설명할 수 있다. 어두운 밤이나 안개가 자욱할 때 강둑을 따라 자전거를 타던 사람들이 길을 잘못 들거나 방향을 잃어서 운하에 빠졌을 수도 있다. 술에 취한 채 자전거를 타다가 다리에서 떨어졌을 수도 있다. 자전거를 타고 경찰을 피해 도주하던 범죄자들이 갑자기 강물로 방향을 틀었을 수도 있다. 운하에 빠진 사람들 중 일부는 헤엄쳐서 무사히 땅 위로 올라온다. 그리고 때로는 자전거까지 함께 가지고 나올 수도 있다.

그러나 이런 사고가 때로는 끔찍한 결과를 초래할 수도 있다. 신문사의 자료 기록을 살펴보면 이런 비극적인 사건들을 생생하게 보도하는 기사 제목들을 접할 수 있다. "운하에서 익사한 소년, 자전거와 함께 발견", "자전거를 타던 여성, 강물 다리의 난간 너머로 떨어져 익사", "자전거를 타고 출근하던 글로스터(Gloucester) 남성, 의식을 잃고 운하로 추락하여 익사", "자전거 타다가 익사한 사람, 어쩌다 이런 참변이?" 등등. 때로는 실의에 빠진 사람들이 일부러 자전거를 몰고 물속으로 질주하는 경우도 있다. 2016년 가을, 미국 뉴욕 주의 시러큐스(Syracuse)에서 멀지 않은 드윗(DeWitt)에 살던 38세의 여성이 자신의 아파트에 유서를 남기고 집을 나섰다. 그녀는 인근의 주립 공원으로 간 다음, 그곳에서 자기 손목에 수갑을 채워 산악자전거에 걸고 호수로 질주했다. 그녀의 사체는 일주일 뒤에 발견되었는데, 여전히 수갑으로 자전거에 묶여 있었다.

생 마르탱 운하에 빠진 자전거에 대해 말하자면, 대부분은 어떤 사고나 비극적인 상황에서 물속으로 내던져진 것은 아니라고 추정해도 될 것 같다. 닥치는 대로 폭력을 휘두르는 성향이 있는 사람들에게는 자전거가 매력적인 타깃이 될 수 있다. 살아있는 생물에게 가해질 수도 있었던 폭력적인 충동의 방향이, 우연히 마주친 생명 없는 물체로 돌려진 것일 수도 있다. 벨리브와 같은 공유 자전거 사업이 성장하면서 전 세계의 도시에 더욱 많은 자전거가 놓이게 되었는데, 이런 자전거들이 기물 파손을 일삼는 사람들에게 좋은 먹잇감이 되었을 수도 있다. 이런 자전거는 특정한 개인 소유의 재산이 아니기 때문이다. 자전거 거치소에 안전하게 보관하는 것이 아니라 인도 위에 그대로 세워두는 도크리스(dockless) 방식의 대여 자전거 시스템이 도입되면서, 바퀴를 후려치거나 프레임에 상처를 내거나 브레이크 케이블을 절단하는 등의 자기표현 행위를 막는 걸림돌이 사라졌다. 때로는 더욱 기발한 방식을 택하는 사람들도 있다. 예를 들자면, 철제 울타리 위에 자전거를 매달아 놓거나, 신호등이나 버스 정류장의 꼭대기에 올려놓거나, 거대한 익룡들이 둥지를 틀기라도 한 것처럼 높은 나뭇가지 위에 자전거를 모아놓기도 한다.

전문적으로 물속에 자전거를 던져 넣는 것이 취미인 사람들도 있다. 자전거를 버리는 것이 그 자체로 특유의 만족감을 주는 행위인 것이다. 소셜 미디어를 검색해 보면 장난길 좋아하는 사람들이 제방을 따라 호수까지 자전거를 타고 가서 강둑의 난간 위로 자전거를 들어 올린 다음 하얀 포말을 일으키는 거친 물속으로 던져 넣는 동영상들을 찾아볼 수 있다. 그중에 한 영상을 보면 한 십 대 소년이 낡은 파란색 BMX(묘기용 자전거)를 붙들고 카메라를 바라보면서 이렇게 말한다. "마이크, 이건 네 자전거야. 우리 집 차고에 있던 건데, 나는 이게 별로야. 그래서 이걸 연못에 던져버릴 거야. 기분 나쁘게 생각하진 말아줘." 그런 다음 소년은 자전거를 끌고 거친 길을 달려서 호수로 밀어 넣는데, 자전거는 나무판자 위를 날아서 물속으로 고꾸라진다. 자전거가 순식간에 소멸하는 이 순간이 불안정한 구도로 담기는 가운데, 주변에서는 감탄사와 웃음소리가 들린다. 수면 위에서는 자전거의 뒷바퀴가 잠시 거품을 일으키고, 결국 자전거는 그걸 꿀꺽 삼켜버리는 연못 속으로 사라진다. 익살스러운 장면이다. 그냥 하는 말이 아니라, 정말로 재미있어 보인다.

Canal Saint-Martin maintenance in Paris in 2016. ©사진: Yoan Valat/EPA

자전거 무덤

확실한 것은, 이걸 즐기는 사람들이 적지 않다는 것이다. 어떤 지역에서는 전염성이 아주 높다. 케임브리지셔(Cambridgeshire)의 피터버러(Peterborough)에서 자란 영국 사람이라면 1960년대에 이 지역 소년들이 자전거를 훔쳐 타고 달아나는 일이 흔했다는 사실을 기억할 것이다. 그들의 일탈 행위는 결국 자전거를 넨(Nene) 강에 던져버리는 의식으로 마무리되곤 했다. 그러다 "물속에 산더미처럼 쌓인 자전거 무더기에 보트 한 척이 걸리는" 일이 발생하면서, 이러한 행위의 실체가 밝혀졌다.

네덜란드의 암스테르담에서는 한때 165개에 달하는 도시 운하에 버려지는 자전거들이 너무 높이 쌓이는 바람에 바닥이 평평한 바지선들의 아랫면을 긁어멜 정도였다. 이에 대한 해결책은 '피첸 피센(fietsen vissen)', 다시 말해서 '자전거 낚시'였다. 예전에는 좁다란 배를 타고 운하에서 잡동사니를 수집하는 고물상들이 이런 일을 처리했다. 그들은 낚싯대로 자전거를 건져 올린 다음 고물상에 팔았다.

1960년대에는 암스테르담의 수자원 당국이 자전거 낚시 업무를 총괄했다. 요즘에는 지자체 소속 노동자들이 유압식 집게 갈퀴가 달린 크레인 배를 타고 물에 빠진 자전거를 훑고 다닌다. 문제는, 예전만큼 그 정도가 심각하지 않음에도 불구하고 지금도 매년 1만 5000대의 자전거를 꺼내고 있다는 것이다. 암스테르담에서도 이런 현장에 많은 구경꾼이 몰리는 일은 어쩔 수 없는 것 같다. 거대한 철제 집게발이 물이 뚝뚝 떨어지는 자전거 바퀴와 프레임과 바구니들을 물 밖으로 건져 올리는 광경을 흔히 볼 수 있는 건 아니기 때문이다. 건져낸 자전거들은 쓰레기 바지선에 실려 폐기물 처리장으로 이동한 후 재활용된다. 재활용되는 자전거의 상당수는 맥주 캔으로 만들어진다고 한다.

파리에서와 마찬가지로 암스테르담에서도 그렇게 수많은 자전거가 물속에 버려지는 이유에 대해서는 그 누구도 확실히 알지 못한다. 시 관계자들은 문제의 원인을 기물 파손이나 절도의 탓으로 슬그머니 돌린다. 알코올이 한몫을 하는 건 분명하다. 그렇다면 그곳에는 일종의 순환 생태계가 작동하고 있는 거라고 할 수 있다. 운하에서 꺼낸 자전거는 맥주 캔으로 재활용된다. 암스테르담 주민들이 캔에 담긴 맥주를 들이켠다. 어느 주민 한 명이 그렇게 밤늦게까지 진창으로 마신 뒤에 집으로 터벅터벅 걸어간다. 그러다가 자전거 한 대를 발견하고는 그걸 운하로 집어던지고픈 강한 충동에 사로잡히는 식이다.

　　작가인 피트 조던(Pete Jordan)은 암스테르담이라는 도시와
그곳의 자전거 문화에 대한 매력적인 내용을 담은《자전거의
도시에서(In the City of Bikes)》라는 책에서, 물속에 버려지는
자전거에 대해 이야기하며 여러 페이지를 할애한다. 그는 그 원인의
일부가 이 도시의 격랑과도 같은 정치사와 연관되어 있다고 말한다.
1930년대에는 공산주의자들이 파시스트들의 자전거를 '왕자의
운하'라는 뜻을 가진 프린센그라흐트(Prinsengracht)에 던져버리면서
그들에게 골탕을 먹였다. 2차 세계대전 당시 독일 점령기에는
레지스탕스 지도자들이 암스테르담 주민들에게 각자 보유한 자전거를
운하에 던져버려 달라고 호소했다. 당시에는 나치가 자전거를 몰수하고
있었기 때문에, 혹시라도 그들의 자전거가 나치의 수중에 들어가는
걸 막기 위한 조치였다. 조던은 또한 1963년에 출간된 소설《자전거로
달까지(Fietsen naar der maan)》를 언급하는데, 이 작품에서는 정교한
방식으로 자전거를 물에 빠트리는 절도 범죄를 묘사하고 있다.
소설에서는 한 자전거 낚시꾼이 밤에 몰래 암스테르담의 어느 운하에
여러 대의 자전거를 빠트린다. 다음 날 아침 돌아온 그는 자전거들을
다시 건져 올려서 장물아비에게 팔아넘긴다.

　　암스테르담의 이런 상황은 아마도 간단한 셈법으로 설명할 수
있을 것이다. 이 도시에는 대략 200만 대의 자전거가 있는 것으로
추산되는데, 어딘가에는 필요 없어진 자전거들이 당연히 한두 대
정도는 있을 것이다. 그리고 이곳에는 48킬로미터에 달하는 운하가
있다. 따라서 암스테르담 주민들이 낡은 자전거를 처분해야 한다면, 이
물길이 아주 편리한 폐기장의 역할을 할 수 있을 것이다. 네덜란드의
일간지《트라우(Trouw)》는 예전에 암스테르담의 운하를 두고 이렇게
묘사했다. "우리는 관광객들을 보트에 태워서 암스테르담 전통의

쓰레기장으로 데려간다."

그러나 이는 단지 네덜란드만의 현상은 아니다. 2014년에
도쿄의 공원녹지부(公園綠地部)는 도시 서부의 이노카시라온시
공원(井の頭恩賜公園) 한가운데에 있는 커다란 연못에 외래종
물고기가 유입되었다는 사실을 알아차렸다. 예전 주인들이 유기한
것으로 보이는 이 물고기들은 이곳 환경에 피해를 입히고 있었다.
그래서 관계 당국은 물을 모두 빼내서 해당 물고기들을 없애기로
결정했다. 그런데 연못의 물을 모두 비워내자 다른 종류의 침입종들이
모습을 드러냈다. 수십여 대의 자전거였다. 이 사실은 도쿄의 많은
시민을 깜짝 놀라게 했다. 사람들이 도시의 길거리와 골목과 주차장에
쓸모 없어진 자전거를 버린다는 건 예전부터 비교적 잘 알려져 있었다.
그러나 이렇게 물속에 자전거를 폐기한다는 사실은 거의 모르고
있었다. 이것은 숨겨진 관행이었다.

전 세계의 물속에는 얼마나 많은 자전거가 숨겨져 있을까?
수많은 연못과 호수, 운하, 다뉴브강, 갠지스강, 나일강, 미시시피강
등에는 얼마나 더 많은 자전거가 가라앉아 있을까?

A bike uncovered during maintenance of Canal Saint-Martin in Paris in 2016. ⓒ사진: Yoan Valat

공유 자전거의 비극

아마 엄청나게 많을 것이다. 그리고 공유 자전거 사업이 확산하는 만큼 더 늘어나고 있을 것이다. 벨리브 사업을 시행한 첫해에 파리 경찰은 센 강에서 수십여 대의 자전거를 건져냈다. 이탈리아의 로마에서 공유 자전거 사업을 하던 어느 기업은 자사의 자전거들이 티베르(Tiber)강에 너무 많이 버려지는 바람에 결국 사업을 중단했다.

미국 보스턴을 비롯한 교외 지역에 자전거 공유 기업들이 설립된 직후인 2018년,《보스턴글로브(Boston Globe)》는 "도크리스 공유 자전거들이 계속해서 물에 빠지고 있다"는 내용을 보도했다. 2019년 2월 뉴욕에서는 '시티바이크(Citi Bike)'의 자전거 한 대가 어느 날 갑자기 맨해튼의 어퍼 웨스트사이드(Upper West Side)에 있는 거치 보관소에 나타났는데, 언뜻 보기에도 허드슨강의 물속에서 상당한 시간을 보낸 것 같았다. 바큇살은 수초에 덮여 있었고, 몸통은 따개비와 연체동물들 때문에 심하게 훼손되어 있었다. 인터넷 매체인 《고다미스트(Gothamist)》는 허드슨강 보존 전문가에게 그 자전거가 물속에서 보낸 시간이 어느 정도인지를 가늠해 달라고 요청했다. 전문가는 이렇게 대답했다. "핸들에 붙어 있는 여러 마리의 굴을 보면, 이 자전거는 적어도 지난해 8월부터, 길게는 6월부터 강물 속에 있었다고 말할 수 있습니다."

이런 문제는 멜번, 홍콩, 샌디에이고, 시애틀, 스웨덴의 말뫼(Malmö) 등을 비롯한 수많은 도시에서도 똑같이 보고되는 현상이다. 영국에서는 런던과 맨체스터의 운하에서, 그리고 템스 강, 캠(Cam) 강, 에이번(Avon) 강, 타인(Tyne) 강에서 대여 자전거들을 건져내고 있다. 2016년에 잉글랜드와 웨일스의 수로에 대한 관리 권한을 가진 캐널 앤드 리버 트러스트(Canal & River Trust)는 충격적인

동영상을 하나 공개했다. 이 영상을 보면 물고기가 운하의 바닥에서
수초로 덮인 자전거 바퀴 근처를 느긋하게 돌아다니는 모습이 나온다.

자전거 무단 투기나 인양에 대하여 가장 놀라운 소식은 중국에서
들려왔다. 2016년과 2017년에 당시 세계 최대의 자전거 공유 업체였던
'오포(Ofo)'와 '모바이크(Mobike)'는 중국 남부의 여러 강에서 자사의
도크리스 대여 자전거를 수천 대나 건져 올렸다. 널리 공유된 동영상
하나를 보면, 사람들이 바쁘게 오가는 어느 인도교 위에서 한 남성이
모바이크의 자전거를 상하이 황푸강(黃浦江)에 던지는 장면을 볼 수
있다. SNS에 올라온 다른 동영상들에서도 한 무리의 아이들이 공유
자전거를 파손하거나 나이 든 여성이 해머를 휘두르며 공유 자전거를
내려치는 광경을 볼 수 있다. 사람들은 공유 자전거를 통째로 훔쳐
가거나 부품만 분해해서 가져가기도 하며, 자동차 바퀴 밑에 던지고,
건축 공사장에 묻어버리고, 불을 지르기도 한다. 이러한 파손 행위
때문에 중국에서도 자성의 움직임이 보이기 시작했다. 이와 관련하여
2017년에《뉴욕타임스》는 다음과 같이 보도했다. "사람들이 공유
자전거를 두고 '조요경(照妖鏡·요괴에게 비추면 그 정체를 보여주는
거울)'이라고 말하는 걸 흔히 들을 수 있다. 공유 자전거가 중국인들의
본성을 드러내게 만든다는 것이다."

어쩌면 그 거울이 우리 시대의 보다 거대한 진실을 보여주는
것인지도 모른다. 영상 속 상하이의 강물에 자전거를 던지는 남성은
홍콩에서 건너온 이주민이었는데, 그는 기자들에게 자신이 추가로
아홉 대의 모바이크 자전거를 해머로 부쉈다고 밝혔다. 이 남성은
모바이크가 사용자들의 프라이버시를 침해하는 것 때문에 화가 났다고
말했다. "모바이크에 들어있는 칩은 안전하지 않으며, 사용자의 위치와
같은 개인정보를 노출합니다."

이론적으로 자전거 공유 프로그램은 도시 생활을 더욱

편리하고 즐겁게 해줄 뿐 아니라 더욱 생태적으로, 더욱 공평하고 공정하며 자유롭게 만들어 주어야 하는 정책이다. 그러나 실제로는 다수의 자전거 공유 사업이 공공과 민간의 협업 형태로 진행되고 있으며, 다국적 은행의 후원을 받아서 그들의 로고를 자전거의 머드가드(흙받기)에 새겨놓는 경우가 많다. 도크리스 자전거 공유 산업은 기술 기업들이 장악하고 있는데, 그들은 관련 규제나 인프라가 미처 마련되기도 전에 길거리와 인도에 자전거를 봇물처럼 쏟아내는 경우가 많다.

  또, 이런 공유 시스템은 대부분 앱 기반이다. 이는 지금과 같은 디지털 시대에 걸맞은 장점이지만, 사실 이런 편의성과 편리함은 프라이버시를 내주고 얻는 대가다. 이런 앱들은 사용자의 개인정보를 수집하며, 공유 자전거는 내장된 GPS 칩과 무선 네트워크를 활용하여 사용자의 위치 정보를 몇 초마다 한 번씩 전송한다. 자전거가 사용자의 활동을 감시하는 셈이다. 이는 자전거의 역사에서는 놀라운 반전이라고 할 수 있다. 자전거가 크게 유행하며 절정기를 누리던 19세기만 하더라도, 자전거는 사람들에게 그전까지 상상할 수 없었던 자유를 약속하는 새로운 문물이었기 때문이다.

  중국에서는 벤처캐피털(VC)들로부터 10억 달러 이상의 자금을 지원받은 70여 개의 도크리스 자전거 공유 스타트업들이 2016년과 2017년에만 수백만 대의 자전거를 여러 도시에 쏟아냈다. 공급이 수요를 압도하면서 도시에는 자전거들이 말 그대로 쌓이게 되었다. 베이징, 상하이, 샤먼(廈門)을 비롯한 많은 도시의 외곽에는 수만 대의 자전거들이 보관되어 있는데, 그중 상당수는 완전히 새것이다. 이들은 지상 수십 미터 높이의 거대한 더미로 쌓여서 광활한 공터를 가득 채우고 있다. 이곳은 '자전거 공동묘지'라고 불린다. 그러나 상공에서 찍은 사진이나 드론으로 촬영한 동영상을 보면, 그 광경은 오히려 꽃밭처럼 보이기도 한다. 밝은 노랑과 오렌지와 분홍색의 자전거 프레임들이 수천 제곱미터에 걸쳐 펼쳐져 있는데, 그 모습은 마치 대지에 화려한 카펫을 깔아놓은 것 같다. 역사에 관심이 많은 사람들이라면 이런 사진들을 보고 17세기의 네덜란드에서 투기 광풍을 일으켰던 '튤립 파동(tulip mania)'을 떠올릴지도 모른다.

경기 순환의 흐름을 타며 기물 파손의 대상이 되는 이동 수단에는 자전거만 있는 것이 아니다. 최근 몇 년 동안 많은 도시에 도입된 전기 스쿠터 공유 비즈니스 또한 보행자들로부터 분노를 불러일으키고 있다. 사람들은 공유 스쿠터가 인도 위를 복잡하게 만든다고 화를 내며, 자동차 운전자들 역시 도로 위를 질주하는 공유 스쿠터들을 달갑게 여기지 않는다. 이와 관련한 뉴스들은 전 세계에서 흘러넘치고 있다. 로스앤젤레스에서는 전기 스쿠터를 공중 화장실에 쑤셔 넣거나, 모래밭에 묻거나, 바다에 던져 버리는 일이 있었다. 독일의 쾰른에서는 다이버들이 라인(Rhine) 강바닥에 수백 대의 전기 스쿠터가 가라앉아 있는 걸 발견했는데, 스쿠터의 배터리 케이스로부터 오염 물질이 새어 나오고 있었다. 이러한 '스쿠터에 대한 적개심' 때문에 '버드(Bird)'나 '라임(Lime)'과 같은 전기 스쿠터 업계의 대표적인 기업들은 보안을 더욱 개선한 새로운 모델을 개발하게 되었다. 사람들이 스쿠터의 브레이크 케이블을 절단하거나 QR 코드를 제거하는 등의 파손 행위를 하지 못하도록 만든 것이다.

이러한 기물 파손 행위는 좀 더 거대한 전쟁에서 이뤄지는 일종의 게릴라 공격으로 볼 수도 있다. 그것은 바로 도로에 대한 권리를 두고 벌어지는 전 세계적인 전쟁인데, 최근 몇 년 동안 각국의 도시들이 자전거 친화적인 인프라를 구축하고 자전거 공유 프로그램을 비롯한 '마이크로 모빌리티(micromobility·소형 이동 수단)'를 장려하기 위한 다양한 제도를 시행하는 등 자동차와의 관계를 다시 생각하기 시작하면서 그러한 전세가 최고조에 달하고 있다. 이러한 흐름에서 가장 주목할 만한 발전은 아마도 배터리로 작동하는 모터를 장착한 전기 자전거의 출현일 것이다. 전 세계를 휩쓰는 이러한 전기 자전거의 인기는, 어쩌면 1890년대의 자전거 대유행 이후 가장 중대한 사건이라고 할 수도 있다. 이는 자전거의 역사에서 새로운 혁명이 거의 임박했음을 시사하는 것인지도 모른다. 현재 중국에만 3억 대의 전기 자전거가 도로 위에 있으며, 2010년대 말에 거의 파산했던 중국의 자전거 공유 산업이 다시 일어설 수 있었던 주된 이유도 전기 자전거가 공유 자전거 함대에 투입되었기 때문이었다.

Abandoned shared bicycles in Shanghai. ©사진: Jackal Pan

그러나 이번에도 다시 사보타주(sabotage) 행위가 벌어졌다. 그 옛날 부랑아들이 훔친 이륜차를 타고 넨강을 달렸던 피터버러에서는, 전기 자전거들이 기물 파손 행위 때문에 수천 파운드 상당의 피해를 입으면서 결국 지난해 대여 사업을 잠정 중단했다. 한 번에 50대의 자전거가 파손된 사건도 있었다. 전 세계의 자전거 공유 산업을 조사한 2021년의 보고서를 보면, "자전거의 파손 및 도난 사례가 증가하면서 시장의 성장이 저해될 것"이라고 지적한다. 그 무엇이든 간에, 대여 자전거들이 망가지거나 불에 타거나 강에 던져지거나 폐기장에 산처럼

쌓이는 현실은 21세기의 일면을 보여주는 하나의 이야기다. 그러나
지금의 시점에서는 그 이야기의 의미와 그 대단원이 무엇인지는
분명하지 않다. 앞으로 그 이야기가 어떻게 전개되든 간에, 자전거
사체들은 계속해서 늘어날 것이다.

돌고 도는 자전거

물론 자전거의 공동묘지는 언제나 존재해 왔다. 산업 지대에 있는
황량한 길거리를 걸어가다 보면 고철 덩어리를 모아놓은 시설을
마주치는 경우가 있는데, 그걸 좀 더 자세히 들여다보면 그러한
폐기물 무더기 가운데 자전거나 그 부품들이 버려져 있는 것을
발견할 수 있다. 내가 사는 브루클린의 아파트에서는 불과 한 블록
떨어진 곳에 커다란 폐기물 처리장이 있다. 거대한 굴착기들이 고철
산더미 위에서 하루 종일 쓱쓱거리고 윙윙거리는 소리를 내며 인접한
거와너스(Gowanus) 운하의 바지선에 각종 물건을 싣고 내린다.
이곳에서는 고철 더미를 압축기 위에 올려놓고 220킬로그램의
네모난 모양으로 찌그러트린다. 나는 가끔씩 직육면체로 압축된 그
커다란 덩어리들 사이에 자전거 부품들이 포함되어 있는 걸 보곤
한다. 자전거의 프레임과 바퀴를 비롯한 각종 부위가 마치 화석의
잔해들처럼 납작하게 뭉쳐져 있다. 그런데 몇 년 전에 뉴욕주의
환경보호국(NYSDEC)은 이곳에서 100건 이상의 '금속 유출'이 이뤄진
사실을 적발했고, 처리장은 8만 5000달러의 벌금을 부과 받았다. 해당
유출물들은 이 시설이 운하에 무단으로 폐기한 것이었다. 파리의 멋진
생 마르탱 운하나 암스테르담의 그림 같은 그라흐트(gracht·운하)들과
마찬가지로, 뉴욕의 더러운 고와누스도 그 물길 아래에는 수많은
자전거가 숨겨져 있을 것이다.

어쩌면 오래전 내가 타던 자전거 중 하나도 이 운하에 있을 수 있을지도 모른다. 지금까지 내가 소유했던 자전거는 모두 20여 대 정도 되는데, 그중에서 내가 유일하게 소재를 파악하고 있는 건 현재 우리 집 근처의 가로등에 묶어둔 검은색 자전거뿐이다. 도난 당한 자전거들이 어떻게 됐는지는 당연히 모른다. 그런데 자전거를 다른 사람에게 주거나 팔았던 기억은 없다. 그렇다고 폐기장에 버린 적도 없다. 아마 한두 대 정도는 예전에 살던 집의 지하실에 내버려 두고 이사를 갔던 것 같다.

그 나머지의 것들에 대해서는 전혀 모르겠다. 도대체 수명을 다한 자전거들은 어디로 가는 걸까? 자전거는 내구성이 좋지만 폐기하기도 쉬운 물건이다. 쉽게 처리해버릴 수 있는 물건인 것이다. 그것이 약간 반사회적일 수도 있다는 사실을 그다지 신경 쓰지 않는다면 말이다. 적어도 부유한 선진국들에서는 자전거를 저렴하게 구입할 수 있다. 그리고 자전거가 망가지거나 새 자전거를 구입하게 되면, 그 주인은 오래된 자전거를 버리고픈 충동을 느끼는 경우가 많다. 그리고 그런 자전거를 길거리의 어딘가에 놓아두면 지나가는 사람이 가져가거나 폐기물 처리 업체에서 수거해 간다.

그렇지만 좀 더 인적이 드문 지역에 버려지는 자전거들도 있다. 그곳에서 자전거들은 시간이 지나면서 점점 더 흉물스러워지며, 비바람의 피해에 고스란히 노출된 채로 방치된다. 도시에서는 기둥이나 펜스에 낡은 체인이나 자물쇠로 채워져서 버려진 자전거들을 흔히 볼 수 있다. 일반적으로는 하이에나 같은 사람들이 그 사체를 덮쳐서 바퀴 한 짝이나 두 짝, 또는 손잡이 세트 등 뜯어갈 수 있는 물건들은 이미 모두 가져간 경우가 많다. 이렇게 탈탈 털린 자전거는 그 자체만으로도 애처로워 보일 정도이다. 낡아빠진 체인 링 체인은 축 늘어져 있고, 반사판은 부서진 채 바닥에 흩어져 있으며, 바큇살과

브레이크 케이블은 마치 조지 부스(George Booth)의 만화에 등장하는 지저분한 머리카락처럼 제멋대로 풀려 있다. 그걸 보면 나는 가수 톰 웨이츠(Tom Waits)의 '부서진 자전거(Broken Bicycles)'라는 노래가 떠오른다. "부서진 자전거 / 끊어진 낡은 체인 / 녹이 슨 손잡이 / 비를 맞으며 / 뼈대만 남은 채 / 풀밭에 버려져 있네." 이 노래는 무너진 사랑에 관한 내용으로 그 가사는 다분히 은유적이지만, 마치 어떤 보도 기사처럼 보이기도 한다.

만약 풀밭에 버려진 자전거들이 우리가 흔히 알고 있는 그런 자전거라면, 그것들은 주로 철이나 알루미늄 합금으로 만들어졌을 것이다. 그러니까 자전거는 원래 광산에서 채굴한 광석이나 퇴적암의 형태로 지하에서부터 기원한 물건이라고 할 수 있다. 그러나 현재 자전거의 부품 중 다시 흙으로 돌아가는 건 거의 없다. 산화된 알루미늄 표면에 뒤덮인 녹슨 철 조각이나 잘게 바스러진 입자들은 바람에 날려 흩어지거나 빗물에 씻겨서 하수구로 흘러갈 것이다.

낡은 자전거들 가운데 일부는 제2의 삶을 얻기도 한다. 앞서 소개한 폐기물 처리장은 압축한 고철 덩어리들을 재활용 처리 시설로 보낸다. 그곳에서는 고철을 세척하고 분류한 다음 용광로에 넣어서 녹이고 제련 과정을 거친다. 그렇게 해서 나온 금속은 주물이나 판형으로 제작되어 다시 한번 자원 순환 사이클 안으로 들어온다. 철과 알루미늄은 지구상에서 가장 널리 재활용되는 재료 가운데 하나다. 때로는 암스테르담에서처럼 폐기된 자전거 프레임이 음료 캔이나 다른 식품 저장 용기로 다시 태어날 수도 있다. 재활용 철과 알루미늄은 도로 시설물이나 주택 및 아파트 건축에 사용된다. 비행기나 자동차의 재료로도 사용되며, 당연히 다시 자전거를 만드는 데 쓰일 수도 있다.

나와 같은 신비주의자들은 도시의 풍경이 낡은 자전거들로 만들어졌다고 상상하는 걸 좋아한다. 과거의 자전거가 환생한 자전거를 타는 사람들은, 자전거의 프레임을 재활용해서 만든 대들보와 철강과 철근이 떠받치고 있는 초고층 건물들을 지나쳐 가며 페달을 밟는다. 그리고 폐기된 자전거에서 얻은 재료들로 조립해 만든 비행기들이 머리 위를 날아다닌다. 금속을 재활용하는 과정에서는 환경에 해로운 폐기물이 발생하지만, 이 중에서도 일부 부산물은 재활용하거나 다른 용도로 사용할 수 있다. 알루미늄 주물 작업에서 나오는 잔여물이나 찌꺼기는 아스팔트나 콘크리트 혼합물의 충전재로 활용할 수 있으니, 어떤 장소에서는 도로 그 자체가 일종의 자전거 공동묘지라고 할 수도 있다. 그러니 어느 일요일에 자전거를 타고 도로 위를 달리는 사람들은, 바로 자전거의 뼈대로 만들어진 풍경을 가로지르고 있는 것인지도 모른다. ⓣ

이 글은 조디 로즌(Jody Rosen)의 책 《투 휠즈 굿, 자전거의 역사와 미스터리(Two Wheels Good: The History and Mystery of the Bicycle)》에서 발췌한 내용이다.

시끌북적 사무실

(1)구성우 커뮤니티 매니저 : 여름! 여름! 여름! 여름! 아아~ 여름이다.

(2)이연대 CEO : 2023년 파트2, 모두 화이팅!

(3)정원진 에디터 : 레인부츠 샀어요~~♪

(4)권순문 디자이너 : 이제 여름이니 여행에 미쳐 볼래요~

(5)신아람 CCO : 오늘은 10분만 멍때리기로 해요. ㅎㅎ

(6)홍성주 커뮤니티 매니저 : 샘 스미스 티켓팅 실패했어요~~♪

(7)이현구 선임 에디터 : 머리를 염색하고 나니 입는 옷 색이 밝아졌어요!

(8)이다혜 에디터 : 왜 이렇게 더운 거죠?? 기후 위기 심각해~

(10)김민형 오퍼레이팅 매니저 : 선글라스 샀는데. 눈물이.

(9)김지연 리드 디자이너 : 다혜님 땀 봐!! 우리 같이 피서가요~

(11)권대현 커뮤니티 매니저 : 7월은 매일 비 소식이라는데 어딜 가는 게 좋을까요?

(12)김혜림 에디터 : 비가 오는 날엔 해와 물과 파전이 생각나요.

(13)백승민 에디터 : 록의 계절이 왔어요. 록생록사~~♪

공유오피스의 낙

각자 업무에 몰두하여
평소엔 고요한 사무실

띠링

김지연 오전 10:45
11시부터 라운지에서 간식 나눠준대요~!

신제품 이래요!
우와~
딱 배고팠는데~
맛있겠다!

간식
마카롱

오늘도 북저널리즘이
제일 일찍 오셨네요?!

공유오피스 200%
즐길 줄 아는 북저 팀원들

필름로그

업사이클카메라를 필름로그 현상소에
가져가면 현상+스캔이 무료라구요?

외않사?!

필름로그 업사이클카메라
진짜 좋다!
더 좋은 게
뭔지 아세요?

또 있다구~

필름로그의 한 롤 앨범에 모든 순간을
오래 간직할 수도 있다구요!

한 롤
앨범
원본 그대로
쏙~!

이 날의 온도, 습도가
다 느껴져~

필름로그 카메라와 한 롤 앨범 모두
bkjn shop에서 구매할 수 있답니다!

THREAD

너! 동료가 되어라!

단체 구독　　　　　　　　　　개인 구독

읽으면 똑똑해지는 종이 뉴스 잡지를 동료와 함께 읽어 보세요.
기업, 학교, 팀 단위로 단체 구매를 하면 최대 67% 할인 혜택을 드려요.

지식과 경험의 축적이 새로운 관점과 만날 때 혁신이 일어납니다. 동료들과 같은 [
대화를 나누면서 업무에 곧바로 적용할 만한 아이디어가 떠오르기도 하고, 잘 모르
뉴스를 읽다가 오래 고민하던 문제의 해법을 발견하기도 합니다. 좋은 지식 콘텐츠
성장과 팀의 문제 해결을 돕습니다. 깊이와 시의성을 두루 갖춘 지식정보 콘텐츠로
역량을 키우고 성과를 향상시켜 보세요.

《스레드》 구독 문의　👍　thread@bookjournalism.com